Bibliografische Information der Deutschen Nationalbibliothek:

Die Deutsche Bibliothek verzeichnet diese Publikation in der Deutschen Nationalbibliografie; detaillierte bibliografische Daten sind im Internet über http://dnb.d-nb.de/ abrufbar.

Impressum:

Druck und Bindung: Books on Demand GmbH, Norderstedt Germany
ISBN: 9783668380097

Dieses Buch bei GRIN:

http://www.grin.com/de/e-book/351329/einfuehrung-in-die-grundlegenden-zusammenhaenge-der-marktwirtschaft-eine

Mike G.

Einführung in die grundlegenden Zusammenhänge der Marktwirtschaft. Eine Zusammenfassung

Vorlesungstranskript erstes Semester

GRIN Verlag

Grundlagen der Marktwirtschaft

Die Entstehung der freien Marktwirtschaft war ein großer Schritt in der deutschen Geschichte. Obwohl große Teile der Menschheit tagtäglich mit ihr konfrontiert werden, sind ihre Mechanismen und Funktionsweisen vielen nicht bekannt. Dies mag einer der Gründe dafür sein, dass viele Menschen an der Wirksamkeit der freien Marktwirtschaft zweifeln und sich stattliche Interventionen herbeiwünschen. In der folgenden Arbeit werden grundlegende Marktmechanismen analysiert und detailliert erklärt sowie die Wirkung von staatlichen Interventionen. Die Arbeit entstand als Mitschrift in den Vorlesungen über die Einführung in die VWL und wurde um einige Ausführungen aus der Sekundärliteratur erweitert. Zum besseren Verständnis wurden viele Informationen visualisiert, entweder durch selbst-erstellte Grafiken und Tabellen oder es wurde sich Diagrammen des Lehrbuches bedient (*„Grundzüge der Volkswirtschaftslehre" von Makiw & Taylor,* ***ISBN-13:*** *978-3791030982*). Ein tiefergehendes Verständnis über die Funktionsweise, die Stärken und die Schwächen der freien Marktwirtschaft sowie von Monopolen und der sozialen Marktwirtschaft wird durch diese Arbeit ermöglicht.

Kapitel 1.

- **Grundlegende Elemente der volkswirtschaftlichen Analyse.**
  - **Unterschied BWL und VWL.**
  - VWL ist Vogelperspektive, BWL Froschperspektive, brauchen einander.
    → Einheit der Wirtschaftswissenschaften.
    - VWL: Wissenschaft der Bewirtschaftung knapper Ressourcen.
      → Nimmt sich Ziele vor und will bestmöglich umsetzen.
  - **Disziplinen der VWL.**
    - **Mikroökonomie**: Entscheidungsfindung von privaten Haushalten und Unternehmen.
    - **Makroökonomie**: Gesamte Wirtschaftseinheiten (Inflation, Arbeitslosigkeit).
  - Vier bekannteste gesamtwirtschaftliche Ziele (don't call it „Magisches Viereck"!).
    - **(1) Wirtschaftliches Wachstum**: Produktion eines Landes soll steigen, Preiskomponente muss entfernt werden, dann kann mengenmäßiges Wachstum ermittelt werden.
      - Steigerung, weil:
        - Verlangen der Individuen nach Eigentum / größerem materiellen Besitz.
        - (Psychologische Erfüllung durch Arbeit / Selbstverwirklichung / Selbstfindung).
        - Verteilungsprobleme können effizienter angegangen werden (Sozialstaat).
    - **(2) Vollbeschäftigung**: nicht möglich, deshalb Wert ziemlich nahe dran angestrebt.
      - Keine Arbeitslosigkeit, weil
        - Einkommensausfall muss (vom Staat) ausgeglichen werden.
        - Verlust der (persönlichen, individuellen) Fähigkeiten.
        - Psychologische Belastung für die Betroffenen.
    - **(3) Preisniveaustabilität**: Änderung der Preise (bezogen auf gesamten Warenkorb) soll gleich bleiben, Vermeidung von Inflation und Deflation.
      - Keine Inflation von 0, weil
        - Angst vor Deflation bei leichten Schwankungen.
        - Volkswirtschaften brauchen relative Preisveränderungen um zu funktionieren (später mehr).
        - Ermöglicht Wertkalkulation von inflationsunabhängigen Objekten (Preis des neusten Handys kann nicht auf 10 Jahre früher berechnet werden, da Technologie damals nicht bekannt, Inflation ermöglicht in gewisser Weise Wertbestimmung).
          - Inflationswert ist in Europa ca. 0,5% geringer als angegeben, da 0,5% der jährlichen

Preissteigerungen auf Technologie- / Qualitätszuwachs zurückzuführen sind.
- Inflationsrate von 2% ist internationales Ziel, EZB legt fest: „below but close to two percent.“

> **Exkurs Inflation**: Bei Inflation Investition in inflationsneutrale Objekte (Immobilie). Spekulationsfunktion, Wertbeständigkeit. Sparguthaben und aufgenommene Kredite verlieren an Wert. => Gewinner und Verlierer der Inflation; nicht gerecht, deshalb Vermeidung angestrebt.
> **Exkurs Deflation**: Erwartung von fallenden Preisen führt zu Abwarten auf Tiefpunkt; Abwärtsspirale, Rezession.

- **(4) Zahlungsbilanz**: Export und Import sollten sich ausgleichen (kommt später).

- **Zusammenhang von Wirtschaftstheorie und -politik.**
  - Theorie betrachtet Zusammenhang zweier wirtschaftlicher Variablen.
    => Ursache-Wirkungs-Zusammenhang.
  - Politik will bestimmte Ziele erreichen und muss Voraussetzungen dafür kennen.
  - Gesetzliche Regelungen bestimmen die vier o.g. gesamtwirtschaftlichen Ziele.

- **Wichtige gesamtwirtschaftliche Größen.**
  - **Investitionen**: Kauf von Sachanlagen / Sachkapital (Güter, welche andere Güter produzieren).
  - **Kapitalstock**: Wert aller angeschafften Investitionsgüter abzgl. Abschreibungen.
    - Hoher Kapitalstock ist wichtigste Voraussetzung für Leistungsfähigkeit von Volkswirtschaften.
    - Staat muss Anreize für Investitionen für Unternehmen und private Haushalte schaffen.
  - **Staatsdefizit / Staatsüberschuss**: Einnahmen abzgl. Ausgaben des Staates.

- **Wichtige Gesamtwirtschaftliche Größen Deutschlands** (Stand 2015).
  - **BIP**: 3,026 Billionen €
  - **BIP Ranking**: Welt Platz 4 (nach USA, China, Japan), Europa Platz 1.
  - **Wachstumsrate**: 1,5%
  - **Inflationsrate** 0,1%
  - **Arbeitslosigkeit** 2,79 Mio bzw. 6,4 %
  - **Beschäftigtenzahl** 43,53 Millionen
  - **Kapitalstock** 16,769 Billionen €, 5,5 faches des BIP
    → Faustregel: 20% des BIPs wird investiert.
  - **Wechselkurs** $/€ 1 Dollar = 0,9 € ↔ 1 € = 1,1 Dollar
  - **Öffentliche Verschuldung** 2,148 Billionen €
  - **Sparquote** 9,7%

- **Grundregeln der Volkswirtschaftslehre.**
  - **Produktionsfaktoren / Input**: Boden / Ressourcen, Arbeit, Kapital.
  - **Produktionsmöglichkeiten**: Arbeit, Kapital, technisches Wissen, Boden/Ressourcen.
  - **Wirtschaftseinheiten**: Unternehmen, private Haushalte, Staat, Ausland.
  - Güterproduktion:
    - Produktionsfaktoren werden mit technologischen Wissen im Produktionsprozess entweder zu Zwischenprodukten (erneuter Produktionsprozess erforderlich) oder zu Endprodukten.
  - **Bedürfnis** ist objektiv vorhandener oder subjektiv empfundener Mangel.
    → Bedürfnisse sind nicht unbegrenzt (1. Gossen'sche Gesetz), sondern übersteigen Menge an verfügbaren Gütern.
  - **Bedürfnisbefriedigung** erfordert Güter, welche aber nur knapp vorhanden sind.
    - „Freie Güter" sind unendlich oft vorhanden, existieren aber nur in der Theorie.
    - Wasser und Luft sind auch nur begrenzt verfügbar.
    => Aus Knappheit der Ressourcen folgt Knappheit der Güter.
  - Wirtschaftseinheiten müssen effizient arbeiten (Nutzen- oder Gewinnmaximierung) gemäß des Minimumprinzips oder Maximumprinzip (nicht Minimax!).

- **Theoriebildung**.
  - Beobachten und Beschreiben von Ereignissen und Zusammenhängen.
  - Hypothesenbildung durch Ableitung des Gesehenen.
  - Theoriebildung unter zur Hilfenahme von zusätzlichen Daten.
    → Können Theorie weder beweisen noch widerlegen, nur unterstützen oder nicht.
  - Prognose mit Daten aufstellen.

- **Marktwirtschaft.**
  - Aktuell erfolgreichste Wirtschaftsform.
- **Grundlage: Der Liberalismus.**
  - Freiheit des Individuums darf vom Staat nicht eingeschränkt werden.
  - Annahme, dass ein Einzelner, der seine Interessen vertritt auch zugunsten der Gesellschaft handeln wird.
  - Unsichtbare Hand leitet ein Individuum und führt zu einem unbeabsichtigten, aber positiven Effekt.
  - **Aufgaben des Staates.**

• Schutz des Privateigentums.	• Gewerbefreiheit für einen freien Markteintritt.
• Garantie des freien Wettbewerbs.	• Niederlassungsfreiheit für berufliche Flexibilität.
• Koalitionsfreiheit für Arbeitnehmer um Durchsetzungsfähigkeit zu erhöhen.	• Vertragsfreiheit um den Handel anzutreiben.

  - Aus dem Liberalismus entsteht die **Marktwirtschaft** als Wirtschaftsordnung.
    - Dezentrales Handeln autonomer Akteure (Unternehmen, Haushalte).
    - Märkte koordinieren Pläne (z.B. geplanter Güterkonsum eines Haushaltes (Nachfrage, Bedarf), geplante Produktion (Angebot)).
    - Ziel der Gewinnmaximierung ist nur durch Privateigentum möglich.
    - Preismechanismus regelt das Angebot und die Nachfrage.
  - In Deutschland setzte sich die **soziale Marktwirtschaft** durch.
    - Hauptmerkmale der sozialen Marktwirtschaft sind Wettbewerbsprinzip und

Eigentumsordnung, welche Privateigentum schützt, aber auch sozialen Ausgleich vorsieht.
- Soziale Absicherung soll gesellschaftlich Benachteiligten helfen, zum Arbeiten anspornen.
- Gewerbe-, Berufs-, Niederlassungs-, Vertrags- und Koalitionsfreiheit.
- Gesetz gegen Wettbewerbsbeschränkung verhindert Kartellbildung.
- Betriebsverfassungsgesetz sichert die Mitbestimmung der Arbeiter in Betrieben.
- Interessenorganisationen wie Gewerkschaften (Arbeiter), Arbeitgeberverbände (Unternehmer) oder Verbraucher(-schutz-)verbände entstehen.

- **Theorie der Kostenvorteile.**
  - Linearer und degressiver Produktionskostenverlauf bei 2 verschiedenen Gütern, welche ein Arbeiter herstellen kann → Degressive Kurve entsteht.
  - **Opportunitätskosten**: Kosten, welche durch Verzicht einer Arbeit durch Ausübung einer anderen entstehen.
  - Produktionskostenkurve ist Angebotskurve, keine Aussagen ableitbar wenn keine Nachfragekurve vorhanden.
  - Aufbau eines Kapitalstocks zur Effizienzsteigerung.
    - Kurzzeitig muss eigene Produktion (/ Produktivität) reduziert und Kapitalbedarf erhöht werden um in der Zukunft mehr produzieren zu können.
      → Verzicht auf Konsumgüterproduktion ermöglicht Kapitalgüterherstellung.
      => Investitionen in Kapitalstock erhöhen Produktivität eines Unternehmens.
    - Intertemporale Komponenten beachten (Abwägung der Opportunitätskosten heute und morgen).
  - Steigerung der Produktivität geht immer mit Frage einher, ob Output gesteigert oder Input verringert werden sollte.

- **Theorie der absoluten Kostenvorteile nach Adam Smith.**
  - Spezialisierung der Länder auf jene Güter, welche sie am billigsten produzieren können.
  - Handelshemmnisse abbauen, damit Güter supranational gehandelt werden können.
    → Verspricht mehr Wohlstand als Produktion aller benötigten Rohstoffe im Heimatland.

- **Theorie der komparativen Kostenvorteile nach David Ricardo.**
  - Gegenseitige Produktionsabsprachen mehrerer Länder versprechen Vorteile für alle Beteiligten.
  - Betrachtung der <u>relativen</u> Vorteile: Frankreich produziert absolut weniger Autos und Maschinen als Deutschland, ist jedoch komparativ weniger schlecht in der Produktion an Autos als an Maschinen.
  - Deutschland produziert mehr Maschinen als Autos, sodass ein Vorteil für beide Seiten entstehen würde, wenn Deutschland Maschinen für Frankreich und sich selbst produziert und Frankreich Autos.
    → Obwohl Frankreich in beiden Bereichen schlechter ist als Deutschland, hat Deutschland einen absoluten Vorteil durch die Spezialisierung.
  - Austauschrelation der beiden Partner entspricht eigenen Interessen (Nutzenmaximierung).
  - Neue Konsumpunkte liegen oberhalb den für den einzelnen möglichen Produktionspunkten.

Produktion	D.	F.
Autos	30	20
Maschinen	40	7
Jahresprod.	70	27

Produktion	D.	F.
Autos	-	40
Maschinen	80	-
Jahresprod.	80	40

- **Wachstumsfaktoren.**

- Qualität und Quantität der Arbeit.
- Höhe des Kapitalstocks und technischer Fortschritt.
- Technisches Wissen zur Optimierung von Produktionsprozessen und Organisation.
- Qualität und Quantität der Böden / Ressourcen.
  → Als einziger Punkt nicht / kaum beeinflussbar.
  => Kombination der Faktoren in der BWL.

- **Noch nicht zuordbares.**
  - Arbeitslosigkeit = Arbeitslose durch Erwerbsfähige.
  - Gesellschaftliche Fragen bei Investitionen (Arbeitszeit, Mix aus Konsumgütern, Ausmaß der Investitionen).
  - Gründe für Produktion von Gütern, welche man nicht braucht: Tausch, Aufstockung des Kapitalstocks, politisches Interesse.

2. Kapitel.

- **Angebot, Nachfrage und Gleichgewicht am Gütermarkt.**
  - Markt ist Zusammentreffen von Angebot und Nachfrage.
  - Angebot und Nachfrage sind Wunschvorstellungen, ob diese wirklich verwirklicht werden, ist nicht immer gesagt.
  - Drei mögliche auf dem Markt vorherrschende Situationen.
    - Bei **Angebotsüberhang** besteht Preisfall-Druck, solange bis sich Idealvorstellungen und Preis für Konsumenten ausgleichen.
    - **Nachfrageüberhang** drängt auf Preiserhöhungen, da Unternehmen Gewinnmaximierung anstreben.

    => Zwei Ungleichgewichte.
    - Im **Gleichgewichtspunkt** entspricht die Gleichgewichtsmenge dem Gleichgewichtspreis.

- **9 Bedingungen des vollkommenen Wettbewerbs.**
  - I. Rationales Verhalten der Wirtschaftsakteure.
  - II. Keine Präferenzen in Güterproduktion.
    - Funktion der Güter sind identisch, wenn auch nicht bekannt (1 Barrel Öl beinhaltet immer das gleiche Öl, keine qualitativen Unterschiede).
  - III. Transparenter Markt und Voraussicht der Wirtschaftsakteure.
  - IV. Beweglichkeit und Teilbarkeit der Produktionsfaktoren.
    - Möglichkeit auch 0,5 Güter pro Tag bzw. 5 Güter in 10 Tagen herzustellen.
  - V. Keine Markteintrittsbeschränkungen.
  - VI. Schnelle Reaktionsfähigkeit.
  - VII. Freie Preisbildung (kein Staat oder Kartelle).
  - VIII. Keine externen Effekte.
    - Produzenten verursachen Probleme, wenn sie für diese nicht direkt haften (Grundwasserverschmutzung schadet Unternehmen nicht, sondern nur den Anwohnern).
  - IX. Polypol (Atomistischer Markt, Einzelner hat keine Marktmacht).

- **Ersten Gossen'sches Gesetz (Sättigungsgesetz).**
  - Der Nutzen von jedem weiteren produzierten Gut nimmt immer weiter ab, bis der Markt gesättigt ist.

- **Allgemeine Nachfragefunktion.**

- Setzt sich aus verschiedenen Variablen zusammen.
  - Preis von eigenem Gut, Preise anderer Güter, Einkommen, erwartete zukünftige Preise, Präferenzen und Bevölkerungshöhe.
- **Spezielle Nachfragefunktionen** beziehen sich nur auf eine Variable unter der ceteris paribus Annahme, dass alle anderen Variablen gleich bleiben.
- Betrachtung des Einflusses des Preises auf die Nachfrage.
  - Nachfragekurve spiegelt Kauf- und Zahlungsbereitschaft der Nachfrager wider.
    - **Prohibitivpreis**: Preis ohne Nachfrage.
    - **Sättigungsmenge**: Nachfrage ist komplett befriedigt.
  - Keine Voraussage ob Nachfragekurve linear oder nicht ist.

- **Direkte Preiselastizität der Nachfrage.**

$$= \frac{\frac{\Delta x_1^D}{x_1^D}}{\frac{\Delta P_1}{P_1}} = \frac{\Delta x_1^D}{\Delta P_1} : \frac{x_1^D}{P_1} = \frac{\Delta x_1^D}{\Delta P_1} \cdot \frac{P_1}{x_1^D}$$

  - Berechnung über relative Nachfrageänderung durch relative Preisänderung.
  - Nachfrageelastizität ist immer negativ, da beide Variablen gegenläufig sind.
  - **Prohibitivpreis** hat einen Wert von - ∞, da relative Änderung der Nachfragemenge von z.B. 0 aus 2 unendlich viel ist.
  - **Sättigungsmenge** hat einen Wert von 0, weil Nenner 0 wird, deshalb 0 festgelegt.
  - **Ableitungskurve** der Nachfragefunktion zeigt, welche Bereiche elastisch und unelastisch sind.
    - **Elastische Nachfrage (Wert kleiner -1)**: Preis sinkt → Nachfrage steigt überproportional.
    - **Unelastische Nachfrage (Wert größer -1)**: Preis sinkt → Nachfrage steigt unterproportional.
    - Preiselastizität von -1 bedeutet, dass Preissenkung und Nachfragesteigerung proportional zueinander verläuft.
  - Nachfrageelastizität zwischen zwei Punkten (**Streckenberechnung**) wird über Mittelwerte des Preises und der Absatzmenge gebildet.
    - Wert von -2 als Ergebnis bedeutet, dass eine 2%-ige Preissenkung eine 4%-ige Nachfragesteigerung zur Folge hätte.
  - **Punktberechnung** ist ebenfalls möglich, dafür Ableitung der ursprünglichen Funktion bilden.
  - $\frac{dx}{dp} = Ableitung\ der\ Funktion\ x = c -\ f\ x\ P = f$ Bzw. Kehrwert, wenn dx unten steht.
    - Ermöglicht nur minimale Preisveränderungen vorherzusagen, bei größeren (ca. ab 5%) muss man Streckenberechnung wählen.

- **Spezialfälle der Güternachfrage.**
  - **(a) Völlig preisunelastische Nachfrage.**
    - Insulin ist unabhängig vom Preis, wenn auch nur to a great extend.
    - In Realität kurzfristig häufig zu beobachten (Benzinpreise).
  - **(b) Völlig preiselastische Nachfrage.**
    - Konkurrenzdruck fordert immer die geringsten Preise, keine Anpassung an Nachfrage möglich.
  - **(c) Anomale Nachfrage (nicht anormal!!).**
    - Steigender Preis von Luxusgütern steigert auch die Nachfragemenge (Snobeffekt).

- **Güternachfrage und Preise anderer Güter.**

$$\eta_{x_1,P_2} = \frac{\frac{\Delta x_1^D}{x_1^D}}{\frac{\Delta P_2}{P_2}}$$

  - Berechnung der Auswirkungen einer Preisveränderung von anderen Gütern auf das eigentliche Gut mittels der **Kreuzpreiselastizität**.
  - **(a) Substitutionsgüter**: Steigt der Preis für ein $\eta_{x_1,P_2} > 0$

Substitut, steigt die Nachfrage für das eigentliche Produkt.

- **(b) Komplementärgüter**: Steigt der Preis für ein komplementäres Gut, sinkt die Nachfrage nach dem eigentlichen Gut. $\eta_{x_1,P_2} < 0$
- **(c) Unverbundene Güter**: Steigt der Preis für ein Gut, hat dies keinen Einfluss auf die Nachfrage für das eigentliche Gut. $\eta_{x_1,P_2} = 0$

> Unternehmen suchen in Realität nur eine relevanten Bereich aus der Elastizitätskurve heraus, welcher meist linear gemacht wird.

- **Güternachfrage und Einkommensniveau.**
  - Berechnung des Einflusses des Einkommensniveaus der Bevölkerung auf Nachfrage bestimmter Güter durch **Einkommenselastizität der Güternachfrage**.

$$\eta_{x_1,Y} = \frac{\frac{\Delta x_1^D}{x_1^D}}{\frac{\Delta Y}{Y}}$$

  - **(a) Superiore Güter**: Einkommenssteigerung führt zu Nachfragesteigerung (z.B. Schmuck). $\eta_{x_1,Y} > 0$
  - **(b) Inferiore Güter**: Einkommenssteigerung führt zu Nachfragesenkung (z.B. billige Lebensmittel). $\eta_{x_1,Y} < 0$
  - **(c) Einkommensunabhängige Güter**: Einkommenssteigerung hat keinen Einfluss auf Nachfrage (z.B. Salz). $\eta_{x_1,Y} = 0$

- **Ermittlung der Gesamtmarktnachfrage.**
  - Aggregation der Nachfragekurven jedes einzelnen Wirtschaftsakteurs.

- **Lageparameter der Nachfragekurve.**
  - Verschiebung der Nachfragekurve nach innen oder außen wird von Veränderungen der einzelnen Variablen der allgemeinen Nachfragefunktion beeinflusst.
    - Verschiebung nach <u>außen</u> (rechts), wenn
      - Preisanstieg der Substitutionsgüter.
      - Preisrückgang bei Komplementärgütern.
      - Einkommensveränderungen (abhängig ob superiores / inferiores Gut).
      - Erwarteter zukünftiger Preisanstieg (Spekulationsfunktion).
      - Präferenzverschiebung zugunsten des Gutes.
      - Anstieg der Bevölkerung.

- **Angebotskurve.**
  - <u>Allgemeine</u> Angebotsfunktion wird beeinflusst von verschiedenen Variablen.
    - Preis des Gutes, Preis der Produktionsfaktoren, Preise anderer Güter, erwartete zukünftige Preise, Stand der Technologie, Zahl der Anbieter.
  - <u>Spezielle</u> Angebotsfunktion entsteht unter ceteris paribus Annahme.
  - Ob Angebotskurve linear ist oder nicht, kann man nicht voraussagen (siehe Rahmen oben).

- **Preiselastizität des Angebots.**
  - Berechnung der Veränderung der Produktionsmenge, wenn Preis steigt.
    - Wenn Marktpreis steigt, sind andere Unternehmen (wieder) in der Lage einzusteigen, die vorher unrentabel gewesen sind / wären.

    - Kapazitätsgrenzen werden erreicht und können überschritten werden (neue Produktionshalle).
  - Immer positive Werte, da beide Faktoren komplementär sind.
  - **Unelastisches Angebotsverhalten** (Wert kleiner 1): Preis steigt, Menge steigt unterproportional.
  - **Elastisches Angebot** (Wert größer 1): Preis steigt, Menge steift überproportional.

  - **Extremfälle der Angebotselastizität.**

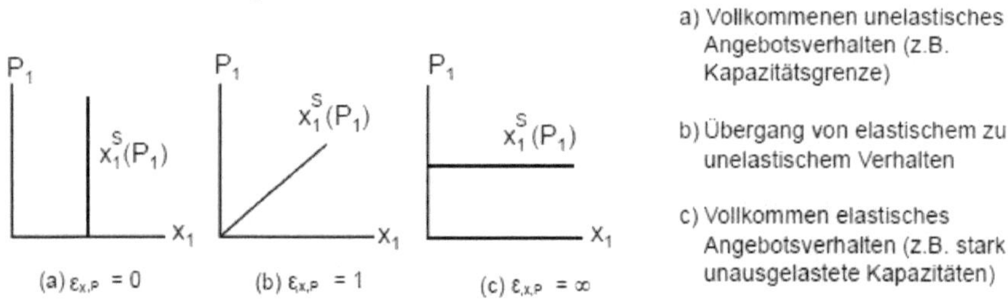

  - Lineare Angebotskurve aufstellen (Kurve mit gleichen Elastizitätswerten an allen Stellen).
    - Form einer jeden Elastizitätskurve p = a * x
      → Einsetzen in Elastizitätsformel ergibt 1/a * ax / x = 1

- **Produktionskosten und Angebotsverhalten.**
  - Steigende Produktionskosten verschieben Angebotskurve nach oben.
  - Für gleichen Preis werden weniger Waren produziert, bzw. für gleiche Warenmenge soll höherer Preis erzielt werden.

- Aggregation der einzelnen Angebotskurven ergibt Gesamtmarktangebotskurve.

- **Lageparameter der Angebotskurve.**
  - Im Gegensatz zur Nachfragekurve kann Angebotskurve auch nach oben / unten verschoben werden.
  - Verschiebung nach **<u>oben</u>** wenn
    - Faktorpreise ansteigen.
    - Zukünftiger Gewinnanstieg erwartet wird.
    - Produktionssteuern erhöht werden.
  - Verschiebung nach **<u>rechts</u>** wenn
    - Technologischer Fortschritt.
    - Rückgang der Anbieterzahl.

- **Eigenschaften des Marktgleichgewichts.**
  - Anbieter und Nachfrager haben ihre Pläne realisiert.
  - Dynamik hin zum Gleichgewichtszustand (Preissenkungsdruck üder -erhöhungsanreize).
  - Maximale Güterversorgung im Marktgleichgewicht.

- **Konsumentenrente und Produzetenrente.**
  - **Konsumentenrente.**
    - Unterschiedliche Wirtschaftsakteure haben auch unterschiedliche Zahlungsbereitschaften.
    - Angebotener Verkaufspreis soll unter den meisten liegen.
    - **Vorteil** des Einzelnen = Zahlungsbereitschaft – Zahlungsverpflichtung (Marktpreis).
    - **Konsumentenrente** = Kumulierte Vorteile aller Nachfrager.

- **Produzentenrente.**
  - **Produzentenrente** = Produktionseinnahmen – Lohnforderungen der Produzenten.
  - Hätten Arbeitnehmer weniger Lohn gefordert und erhalten P* so haben sie **in gewisser Weise Gewinn** gemacht.

- **Wohlfahrtstheorie.**[1]
  - Summe aus Konsumenten- und Produzentenrente im perfekten Marktgleichgewicht bildet die maximale Wohlfahrtssumme (Wohlfahrtsgewinn).
  - Idealer Preis und ideale Absatzmenge sind immer fix; werden Preise bzw. Produktionsmengen von außen beeinflusst, so verlagert sich der Preis weiter nach oben und etwas vom Wohlfahrtsgewinn wird „abgeschnitten“.
    => Nur Gleichgewichtszustand bietet größtmögliche Wohlfahrt.

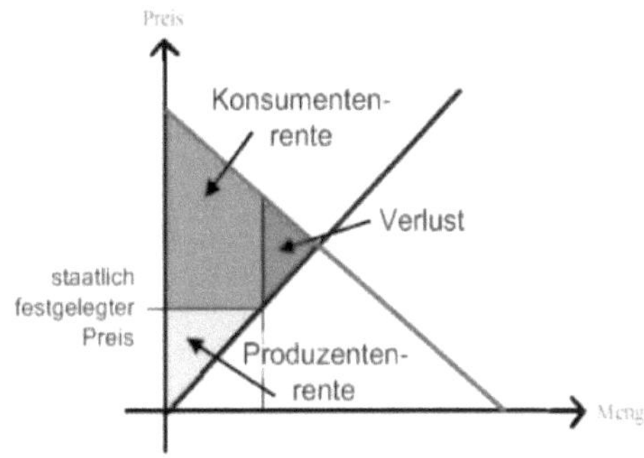

3. Powerpoint.

- **Wichtiges aus den Übungsaufgaben.**
  - Nachfragekurve ist abnehmend, weil
    - Zahlungsbereitschaft der Menschen richtet sich nach deren Präferenzen.
    - Gossensches Gesetz: Nutzen eines Gutes nimmt mit steigender Konsummenge ab.
  - Angebotskurve positiv, weil
    - Neue Unternehmen können es sich leisten in den Markt einzusteigen.
    - Überschreitung der Kapazitätsgrenzen einzelner Anbieter.
  - Mögliche Fehler bei Erklärung solcher Fragen: Erklärung mit Beschreibung (Wenn Preis steigt, sinkt die Nachfrage).
  - Kurve bei Preisveränderung verschiebt sich nicht, Punkte wandern nur darauf.
  - Richtung der Verschiebung nicht genau bestimmbar, da viele mögliche Faktoren.

- **Grundlegendes für Analyse von Schocks.**
  - Drei Möglichkeiten einen Schock zu analysieren.
    - (1) Graphisch: Aufzeichnen der Veränderung und „finden“ des neuen GW-Punktes.
    - (2) Mathematisch: Berechnung des neuen GW-Punktes (kommt noch).
    - (3) Ökonomische Erklärung der Verschiebung (Schritt für Schritt vorgehen, auch wenn in Realität gleichzeitiges auftreten).

    → Bei Analysen immer Punkt 3 und einen anderen anwenden!

- **Nachfragestörungen.**
  - <u>Positiver</u> Nachfrageschock: Plötzlicher, unerwarteter Anstieg der Nachfrage (bei jedem Preis wird mehr nachgefragt als zuvor).
  - Bei ceteris paribus Annahme verändert sich eine Variable, welche zuvor noch als konstant angenommen wurde.
    - **Marktgleichgewicht.**

---

1 Grafik entnommen aus wiwiweb.de

- (a) Situation unter ceteris paribus Annahme betrachten.
  - Wenn sich lediglich Nachfrage erhöht, bildet sich Nachfrageüberhang (Ungleichgewicht).
  - Schockeffekt ist eine exogene Veränderung; Verlagerung der Kurve.
- (b) Auswirkungen der ersten Situation analysieren.
  - **Zangeneffekt**: Anpassung an neuen GW-Punkt durch Wandern auf Angebots- und Nachfrageseite (wenn nur auf einer Seite, dann kein Zangeneffekt).
  - Reduktion des Nachfrageüberhangs durch Preismechanismus solange bis neuer GW-Punkt erreicht wurde.

  => Zwei Effekte wirken auf Nachfrage: Erst Schockeffekt, dann Zangeneffekt.
- Wenn keine Informationen über Marktdynamik vorliegen (kommt später), dann könnte sich neuer GW-Punkt schnell oder auch sehr spät einfinden.

- **Völlig unelastisches Angebot.**
  - Angebotsmenge kann sich nicht erhöhen, deshalb vergleichsweise hoher Preisanstieg.
  - Anpassung erfolgt nur auf Nachfrageseite, **kein Zangeneffekt**.
  - Nachfrageeffekt wird genau eliminiert, **kein Mengeneffekt**.
  - Zusätzliche Nachfrage drängt andere Anbieter aus dem Markt.

    => **Vollständiger Crowding-Out-Effekt**.
  - Steigt Staat in den Markt ein (Sozialwohnungsbau), steigen Kosten für Handwerker / Architekten und Privatleute verschieben Hausbau.

Immer in Aufgaben definieren: elastisch = preiselastisch

- **Völlig elastisches Angebot**.
  - Preis kann sich nicht erhöhen, deshalb verändert sich Angebotsmenge.
  - Anpassung erfolgt nur auf Angebotsseite, kein Zangeneffekt.

  => Bei Nachfrageexpansion Preiseffekt umso stärker, je unelastischer Angebot ist.

  => Bei Nachfrageexpansion Mengeneffekt umso stärker, je elastischer Angebot ist.

- **Angebotsstörungen.**
  - **Negativer Angebotsschock** (Verschiebung nach oben).
    - Für gleichen Preis wird nun weniger angeboten, Nachfrageüberhang.
    - Nachfrageüberhang führt zu steigenden Preisen, steigende Preise zu sinkender Menge.

      => Neuer Gleichgewichtszustand liegt bei höherem Preis und geringerer Menge.
    - ***Überwälzung der Kosten auf die Kunden*** kann funktionieren oder auch nicht.
  - **Völlig unelastische Nachfrage.**
    - Geringer oder kein Mengeneffekt, starker Preiseffekt (Alkohol, Tabak).
    - Überwälzung der Preise auf den Kunden gelingt vollständig.
  - **Völlig elastische Nachfrage.**
    - Reduzierung der Menge, aber nur geringer Preiseffekt.
    - Überwälzung auf den Kunden ist nicht gelungen.
  - Bei Angebotsschocks verändern sich Preis und Menge in unterschiedlichen Richtungen, bei Nachfrageschock in gleiche Richtung.
  - Je preisunelastischer die Nachfrage, desto stärker der Preiseffekt und geringer der Mengeneffekt.
  - Je preiselastischer die Nachfrage, desto stärker der Mengeneffekt und geringer der Preiseffekt.

- **Kombination auf Nachfrage- und Angebotsschock.**
  - Unter Annahme, dass beide Effekte sich gegenseitig ausgleichen, entsteht folgendes

Nachfrageschock	Angebotsschock	Auswirkung

positiv	positiv	Angebotsmenge steigt
positiv	negativ	Preis steigt
negativ	positiv	Preis sinkt
negativ	negativ	Angebotsmenge sinkt

- Wenn Preis und Menge in gleiche Richtung, dann überwiegt Nachfrageschock.
- Wenn Preis und Menge in unterschiedliche Richtung, dann überwiegt Angebotsschock.
- Bei gleicher Richtung von Schocks ist Mengeneffekt immer eindeutig, Preiseffekt aber nicht.
- Bei ungleicher Richtung beider Schocks ist Preiseffekt immer eindeutig, Mengeneffekt aber nicht.

- Gewerkschaften streiten sich immer mit Arbeitgebern um Lohnerhöhungen und argumentieren dabei mit **Kaufkrafttheorie des Lohnes.**

- **Kaufkrafttheorie des Lohnes.**
- **Beispiel Lohnerhöhung.**
  - Hypothese, dass mit steigenden Löhnen der Mitarbeiter letztlich auch die Umsätze des Unternehmens gesteigert werden.
  - Wenn der Lohn steigt, dann steigen Kosten überproportional wegen Lohnnebenkosten (Sozialversicherungsbeiträge) der Arbeitgeber.
  - Zusätzlicher Lohn wird um zusätzliche Steuern und SV-Beiträge verringert.
    - Nettoeinkommen wird aber teilweise gespart.
    - Restliches Geld wird für Importe und inländische Produkte ausgegeben.
  - **Lohnt sich Lohnerhöhung um Nachfrage zu steigern?**
    - Ausgaben für Steuern und SV-Beiträge könnten (teilweise oder ganz) wieder in Nachfrage einfließen, wenn Staat oder Versicherungen Kapital investieren.
    - Zusätzliche Gewinne ausländischer Unternehmen fließen aber selten zurück in die heimische Wirtschaft.

    → Nachfragesteigerung ist geringer als Kostensteigerung.
    => Kaufkrafttheorie des Lohnes stimmt nicht!
  - Lohnerhöhungen wirken kontraktiv, Preiserhöhung führt zu Angebotsmengensenkung, da Angebotsschock dem Nachfrageschock überwiegt.

- **Funktionen des Preismechanismus.**
  - **(I) Informationsfunktion** (Signalisiert Knappheit von Gütern, Kapazitätsengpässe etc.).
    - Soll möglichst viele Informationen für bestmögliche Entscheidungsfindung liefern, richtige Schlussfolgerungen müssen möglich werden.
    - Keine Signalfunktion bei (starker) Inflation oder Deflation.
  - **(II) Koordinierungsfunktion** (Übereinstimmung von Plänen der Nachfrager und Anbieter).
  - **(III) Lenkungsfunktion** (Beeinflussung von Nachfrage und Produktionsfaktoren).
    - Entscheidet über hohe Nachfrage oder geringe, viele Jobs oder wenige.
    - Märkte verändern sich stetig, wenn Festhalten an alten Strukturen, dann geht Markt kaputt.
      → Schumpeter: „Volkswirtschaften können sich nur verändern, wenn einige Teile wegfallen."
      => Creative Destruction.
  - **(IV) Rationierungsfunktion** (Preis regelt Verteilung von knappen Gütern).
    - Preis reduziert Knappheit der Güter als Zahlungsbereite.

- **Auswirkungen staatlicher Interventionen auf idealen Wettbewerb / Markt.**
  - Vorgehensweise bei Analyse von unnatürlichen Marktstörungen.
    - (1) Motivation / Begründung des Staates abschätzen und erläutern.
    - (2) Voraussetzungen, Wirkungen und Auswirkungen darlegen.
    - (3) Wahrscheinliches Ergebnis vorstellen.
  - **Höchstpreispolitik.**
    - Staat versucht ärmeren Bürgern einen gewissen Lebensstandard zu ermöglichen.
    - Höchstpreis wirkt nur, wenn GW-Preis darüber liegt.
    - Künstlicher Nachfrageüberhang wird erzeugt, Produktion ist geringer als im GW.
    - Frage nach der Güterverteilung (**Allokationsmechanismus**) entsteht.
      - First Serve, First Order? Anbieter wählt aus? Staat wählt aus?
    - **Schwarzmarkt** entsteht, auf welchem Waren zu (viel) höherem Preis verkauft werden.
      - Nachfrage ist hoch genug um hohe Preise zu ermöglichen.
      - Vom Allokationsmechanismus ausgewählte werden Waren am Schwarzmarkt verkaufen.

    => Höchstpreispolitik des Staates führt zur Bevorteilung einer kleinen Gruppe (Weiterverkauf am Schwarzmarkt) und Verarmung einer größeren Gruppe (müssen hohe Preise akzeptieren).
  - **Mindestpreispolitik.**
    - Staat versucht Einkommenssicherung von Anbietern / Produzenten.
    - Voraussetzung ist Mindestpreis, welcher über GW-Preis liegt.
    - Angebotsüberhang führt (meist) zu staatlich garantierter Abnahme (vor allem bei Globalisierung und internationalem Wettbewerb).
    - Staat muss „teure" Produkte massenhaft kaufen, Frage nach Nutzung dieser.
      - Entweder verkauf zu Weltmarktpreisen (**Dumping**; Konkurrenz zu 3.Welt-Staaten).
      - **Lagerung** der Produkte ist teuer und je nachdem auch nicht effektiv.
      - **Vernichtung** der Produkte ist (moralisch) verwerflich.
    - Bsp. Thailand hat Mindestabnahmepreis für Reis garantiert, vietnamesische Reisbauern haben über Weltmarktpreis aber unter staatlichem Mindestpreis an Thailänder verkauft, Staat lässt massenhaft Silos bauen um Reis zu lagern, Reis verdirbt und muss vernichtet werden.
  - **Mindestlohn.**
    - Darstellung der Situation auf dem Arbeitsmarkt im klassischen Angebot-Nachfrage-Diagramm und anschließend im **2-Sektoren-Modell** (2 Wirtschaftseinheiten).
      - Nachfrage an Arbeitskraft aus Sicht des Unternehmens, Angebot aus Sicht der Erwerbsfähigen.
      - Angebotskurve steigt, da mit steigendem Lohn Erwerbsfähige ermutigt werden (wieder) arbeiten zu gehen (16-Jährige, Hausfrauen / -männer, Teilzeitarbeiter, (Früh-)Rentner). → Steigende Löhne machen Opportunitätskosten für Freizeit o.ä. verkraftbar.
      - **ABER**: Vor allem in DE + FR führen steigende Löhne zu weniger Arbeitslust („Wenn Lohn steigt, reichen 6 Stunden Arbeitszeit völlig aus").
    - Staat versucht Existenzsicherung der Bevölkerung über einheitlichen Lohn.
    - Mindestlohn muss über GW-Lohn liegen.
    - Arbeitslosigkeit (Nachfrageüberhang) steigt mehr als Anzahl der Beschäftigten sinkt.
    - Unternehmen tendieren zur Technisierung / Mechanisierung, da Anschaffungskosten im Vergleich zu Personalkosten rentabler werden.
    - Einige Arbeitswillige migrieren in andere irreguläre Märkte, wo meist für weniger Lohn als eigentlicher GW-Lohn gearbeitet wird.
    - Unternehmen werden trickreicher und stellen mehr Praktikanten, Zeit- und Leiharbeiter ein.
    - Ergebnis ist höhere Arbeitslosigkeit als bei GW-Löhnen und (viele) Arbeitnehmer erhalten

weniger Lohn, entweder wegen Migration zu anderen Märkten oder Tricks der Unternehmen.

- **Beispiel des Mindestlohns in Deutschland.**
  - „Mindestlohn" gibt es schon lange in vielen Branchen im Tarifvertrag, staatlich-einheitlicher Mindestlohn deckt 15% der Bevölkerung ab, welche keinen tariflichen „Mindestlohn" haben.
  - Arbeitslosigkeit ist seit Einführung des Mindestlohns gesunken, beruht jedoch auf viele Faktoren.
    - Wirtschaftlicher Aufschwung und gute Konjunktur federn Effekte des Mindestlohns ab.
    - Familienmitglieder, Praktikanten, Zeit- und Leiharbeiter werden verstärkt rekrutiert.
  - Weitere direkte Auswirkungen des Mindestlohn.
    - Kleinere Geschäfte („Tante-Emma-Läden") nicht länger rentabel.
    - Viele Arbeitskräfte nicht gemeldet (Schwarzarbeit).
    - „Verteilung" des Weihnachtsgeldes auf einzelne Monate um Mindestlohn auszuzahlen.
    - Zeitungsträger-Rentnern wird gekündigt, Verlage schließen Verträge mit minderjährigen Enkeln, Rentner tragen trotzdem weiter aus.

- **Anwendung des Nachfrage-Angebot-Diagramms auf weitere Bereiche.**
  - **Kreditmarkt.**
    - **Vereinfachende Annahmen**: (i) Kreditvolumen entspricht Sparvolumen, (ii) ein einheitlicher Finanzmarkt sowie (iii) nur ein einziger Zinssatz.
    - Unternehmen bzw. Konsumenten sind an geringen Kreditzinssätzen interessiert, damit Investitionen bzw. größere Anschaffungen rentabel bzw. lukrativ werden.
    - Sparer sind an steigenden Zinsen interessiert, schieben dafür auch größere Anschaffungen auf.
    - Bei Nachfrageschock (Staat schafft Investitionsanreize) oder Angebotsschock (Staat schafft Sparanreize) verlagert sich GW-Punkt entsprechend allgemein-gültiger Regeln.
    - Steigt staatliches Defizit, fragt Staat mehr Kredite nach, Zinssätze steigen und verdrängen private Haushalte aus Kreditmarkt → **Crowding-Out-Effekt.**

- **Marktformen.**
  - Abweichungen des Standardmodells des idealen Marktes.
  - **(1) Monopol**: Ein Anbieter besitzt alle Marktanteile, ist „Preissetzer" (Bsp. Pharmazie).
  - **(2) Oligopol**: Einige Anbieter besitzen alle Marktanteile (Bsp. Rohöl).
    - Intensive Konkurrenz, aber Anreiz zu Absprachen und Kartellbildung hoch.
  - **(3) Monopolistische Konkurrenz**: Viele Anbieter mit unterschiedlichen Produkten (Filme).
    - Produktdifferenzierung führt zu begrenzter Monopolstellung einiger Anbieter.
  - **(4) Polypol**: Viele Anbieter von homogenen Produkten (Milch).
    - Klassische Form des atomistischen Marktes, Unternehmen haben wenig Marktanteile.
    - Keine Marktmacht, Unternehmen als „Preisnehmer", aber „Mengensetzer".
      → Keine Ausführungen mehr, da oben bereits darauf eingegangen.

- **(1) Themenblock Monopole.**

- **Gründe für Monopole.**
  - Ursache für Entstehung von Monopolen sind **Markteintrittsbarrieren**.
    - (1) Selbstgeschaffene Barrieren: **Natürliches Monopol**.
      - Unternehmen hat neue Technologien, großen Kundenstamm etc. und extrem hohe Fixkostendegression, deshalb kostengünstigster Anbieter auf dem Markt.
        → Konkurrenz bedarf sehr hoher Investitionen in Fixkostendegression, deshalb nicht vorhanden.

- (2) Von außen geschaffene Monopole: **Staatliches Monopol**.
  - Staat möchte Anreize schaffen in kostenintensive, wenig erfolgsversprechende, riskante, aber sehr wichtige Forschung zu investieren, deshalb Patente ausgegeben.
    → Schutz des Unternehmens.
  - „Belohnung“ ist zeitlich begrenzte Monopolstellung z.B. auf einen Medikamentenwirkstoff.
    → Schutz des Wettbewerbs, da Patente nach 10 Jahren verfallen und frei zugänglich werden.
- (3) Mischform: **Zugangsmonopol**.
  - Selbst geschaffen durch Absprachen mit Lieferanten, durch zu hohen Abnahmepreisen für Konkurrenten, Markenaufbau oder Marketing (Humankapital).
  - Fremd geschaffen durch staatliche Erlaubnis auf Ressource zugreifen zu dürfen (Hanf-Eistee in den Niederlanden) → Eigentumsverhältnisse als Zugangsbarriere.

- **Nachfragekurven im Monopol und Polypol.**
  - Ein ***Monopolist*** bestimmt gesamte Angebotsmenge auf dem Markt.
    - Erhöhung des Absatzes kann nur mit Verringerung des Preises einhergehen.
      → Angebotskurve ist fallend.
  - Ein ***Polypolist*** hat einen verschwindend geringen Einfluss auf den Markt.
    - Produktion von (aus Sicht des Produzenten) bedeutend mehr Gütern beeinflusst gesamte Angebotsmenge auf dem Markt überhaupt nicht.
      → Nachfragekurve des Polypolisten ist (vollkommen) preiselastisch.
      → Polypolist als „Preisnehmer“, kann Absatz erhöhen oder verringern, Preis unbeeinflusst.
  - **Wieso ist die Nachfragekurve (vollkommen) preiselastisch?**
    - Vorige Modelle behandeln die gesamtwirtschaftliche Nachfragekurve, welche natürlich negativ steigend ist.
    - Nachfragekurve des Polypolisten ist preiselastisch, da aus der Sicht eines einzigen Unternehmens geschaut wird, welches keinerlei Macht auf den atomistischen Markt hat.

- **Nachfrage, Angebotsmenge und Grenzerlös eines Monopolisten.**
  - Monopolist muss sich an Nachfragekurve halten, da sonst keinen Absatz.
  - Angebotsmenge des Monopolisten wird durch Gewinnmaximierung determiniert.
    - Bis zu dem Punkt, ab welchem Grenzkosten den Grenzerlösen überwiegen, wird Monopolist herstellen wollen.
      - Grenzerlöse gemäß 1. Gossen'schen Gesetz, mit jedem neuen, verkauften Gut sinkt prozentualer Anteil des Erlöses am Gesamterlös, da Grenzkosten (Kosten für Anschaffung, Inbetriebnahme neuer Maschinen) ebenfalls steigen.
  - **Berechnungen.**
  - $Kostenfunktion: K_{fix} + K_{variabel}(x) \qquad Grenzkostenfunktion: GK = K'_{variabel}(x)$
    - Grenzkosten steigen an, da effizientere (neuere) Maschinen zuerst angeschaltet werden um zu produzieren; sind deren Kapazitäten ausgelastet, müssen andere, ineffizientere Maschinen angeschaltet werden.
  - $Durchschnittskostenkurve: \frac{K_{ges}}{x} = \frac{K_{fix}}{x} + \frac{K_{variabel}}{x}$
    - In einer Parabelform, da zunächst Fixkostendegression Steigung negativ werden lässt, dann aber variable Kosten überwiegen und Kurve „linear ansteigen“ lassen, da Fixkosten verschwindend gering werden.
    - Grenzkosten und Durchschnittskosten hängen zusammen, deshalb schneidet die Grenzkostenkurve die Durchschnittskostenkurve immer an deren Tiefpunkt, der Punkt mit der **gewinnmaximierenden Produktions- / Absatzmenge.**

→ Folglich ist in Zeichnung unten Punkt A der Tiefpunkt der Durchschnittskostenkurve.

- *Erlösfunktion*: $E = p * x = a * x - b * x^2$ *Grenzerlösfunktion*: $E' = a - 2 * b * x$
  - Grenzerlösfunktion sinkt doppelt so schnell wie Erlösfunktion.
- *Gewinnfunktion*: $G = E - K$ *Preisfunktion*: $p = a - b * x$
  - Hochpunkt der Gewinnfunktion finden über $G' = E' - K' = 0$

  wobei aber $E' = \frac{dE}{dx} = GE.$ und $K' = \frac{dc}{dx} = GK$ sind, somit liegt Hochpunkt bei GE – GK.

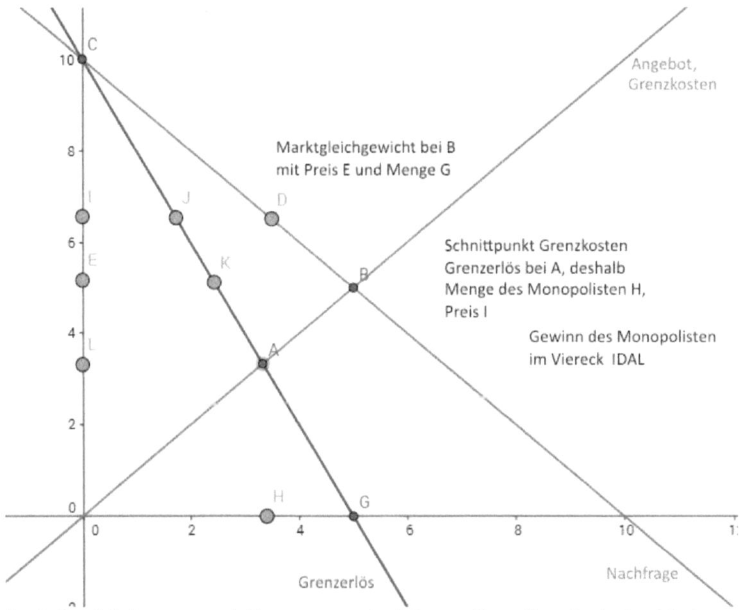

- Optimale Produktionsmenge / Absatzmenge des Monopolisten liegt in A, da sich dort Grenzerlös und Grenzkosten schneiden.
  - Weiter rechts von A überschreiten Grenzkosten die Grenzerlöse und man macht absolut weniger Gewinn genauso wenn man sich links von A aufhält.
  - Wird G überschritten (rechts) so macht man Verluste.

  → **Diagnostisches Modell**, mache ich maximalen Gewinn mit einer Angebotsmenge?
- Dementsprechend könnte Monopolist bei Preis L verkaufen ohne Verluste zu machen.
- Monopolist hat aber die Möglichkeit Preis bis zu I zu steigern, ohne dass Absatzmenge beeinflusst wird.
  - **Monopolistengewinn** berechnet sich über Deckungsbeitrag (P – DK) multipliziert mit der abgesetzten Menge an Gütern.
- Im Marktgleichgewicht eines polypolistischen Marktes muss der Markt G Güter für eine Preis von E anbieten → Grenzkosten des Monopolisten ist Angebotskurve von idealen Markt.
  => Monopolist stellt nicht nur weniger zur Verfügung, sondern auch noch zu höherem Preis.

- **Warum sind die Grenzkosten geringer als der Preis?**
  - Wenn der Monopolist seinen Absatz erhöhen möchte, muss er den Preis senken.
  - Senkt er den Preis, bekommen diejenigen, welche schon vorher gekauft haben einen „Rabatt"

und neue Käufer kommen dazu → Abnehmende Grenzkosten.

- **Lösungsmöglichkeit 1**: Preisdiskriminierung (zu unterschiedlichen Preisen verkaufen).
- **Lösungsmöglichkeit 2**: Nur soviel produzieren, solange Grenzerlös noch positiv ist.
  - Geringere Produktionsmenge als Marktgleichgewicht führt zu Nachfrageüberhang und Möglichkeit der Preiserhöhung.
- In einem Polypol können die einzelnen Unternehmer die Angebotsseite nicht verändern, müssen sich dem akzeptierten Preisen beugen, können aber jederzeit ihren Absatz erhöhen, solange es noch lukrativ ist.

- **Wohlfahrtsanalyse des Marktergebnisses bei Monopol und Konkurrenz.**

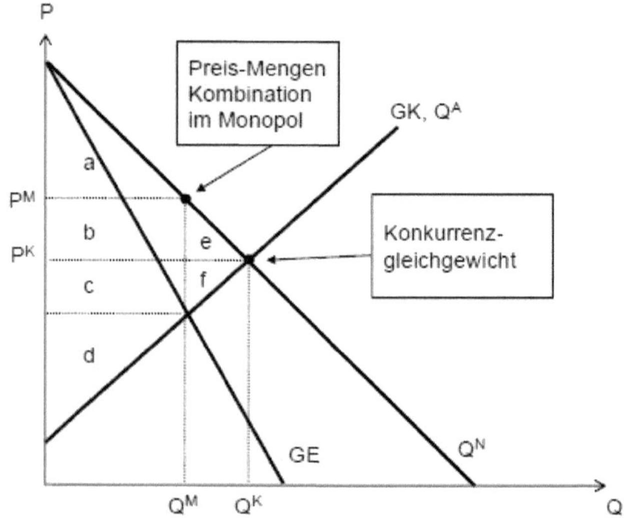

- Im Marktgleichgewicht umfasst die Konsumentenrente die Felder a, b sowie e und die Produzenten die Felder c, d und f.
  → Summe der beiden Renten ist im Gleichgewicht an höchsten.
  → Verhältnis von Produzenten- zu Konsumentenrente muss nicht zwangsläufig 1:1 sein.
- Im Monopol wird Produzentenrente um das Feld b erweitert, die Konsumentenrente darum verringert.
  → Flächen e und f gehen völlig verloren, Summe der Wohlfahrt ist geringer als im polypolistischen Markt.
- **Grundlagen der Wettbewerbspolitik.**
  - Wohlfahrtsanalyse mit höchstmöglicher Summe aus Produzenten- und Konsumentenrente ist immer am vorteilhaftesten für eine Volkswirtschaft.
  - Kartellbehörden prüft jede Fusion oder Absprache auf eben genannte Renten.
  - Verlust von tausenden Arbeitsplätzen und Insolvenz zahlreicher Großkonzerne sind immer noch besser als vorsätzliche Verringerung der Rentensumme.

- **Gewinne von Monopolisten.**
  - **Erinnerung**: Gewinnmaximum wenn Grenzerlös = Grenzkosten.
    - Gewinnoptimum liegt am Schnittpunkt der Grenzerlöskurve mit der Grenzkostenkurve.

- Gewinnoptimum liegt bei Schnittpunkt der Durchschnittskostenkurve mit Grenzkostenkurve.
- **Vertiefung**: Was passiert, wenn Staat einen Preis vorgibt?
  - Staat gibt Höchstpreis vor, welcher unter monopolinternem Gleichgewicht liegt.
    → Monopolist macht Verluste und ist nicht fähig genug zu produzieren.
  - Staat gibt Preis vor, welcher den Durchschnittskosten entspricht oder leicht darüber liegt.
    → Innovationskraft der Firma beeinträchtigt, da kein Anreiz besser zu werden.

- **Zusammenfassung Monopol vs, vollständige Konkurrenz.**

	Vollständige Konkurrenz	Monopol
Gemeinsamkeiten		
Ziel der Unternehmung	Gewinnmaximierung	Gewinnmaximierung
Maximierungsregel	Grenzerlös = Grenzkosten	Grenzerlös = Grenzkosten
Möglichkeiten zur kurzfristigen Gewinnerzielung	ja	ja
Unterschiede		
Anzahl der Unternehmungen	viele	eine
Grenzerlös	Grenzerlös = Preis	Grenzerlös < Preis
Preis	Preis = Grenzkosten	Preis > Grenzkosten
Entspricht der Output dem gesellschaftlichen Optimum ?	ja	nein
Langfristiger Markteintritt ?	ja	nein
Möglichkeit zur langfristigen Gewinnerzielung?	nein	ja
Möglichkeit zur Preisdiskriminierung?	nein	ja

- **(2) Oligopol.**
  - Weniger Unternehmen verkaufen ähnliche, homogene Produkte.
  - Hohe Konkurrenz, aber Anreize sich gemeinsam wie ein Monopolist zu verhalten.
  - Duopole (zwischen zwei Unternehmen, Bsp. Airbus + Boeing) können sich durch Absprachen zu einem Kartell zusammenschließen.
  - **Kollusion** = Absprache einiger Wirtschaftsakteure um anderen zu schaden um eigene Position zu stärken.

- **(3) Monopolistische Konkurrenz.**
  - Freier Marktzutritt, viele Anbieter, jedoch Produktdifferenzierung.
    - Anbieter konkurrieren um die gleiche Nachfragegruppen.
    - Leicht spezifizierte Produkte werden angeboten und als einzigartig beworben.
      → Unternehmen nicht länger als Preisnehmer, Nachfragekurve abfallend.
  - Entstehung eines monopolistischen Konkurrenzmarktes aus einem ehemaligen Monopol (z.B. weil Patente ausgelaufen sind).
    - **(I) Monopolmarkt.**
      - Ein Unternehmen setzt Preis gemäß seiner Grenzerlöse und erzielt einen (hohen) Monopolgewinn, was andere Unternehmen „anlockt".
        → Individuelle Nachfragekurve verschiebt sich nach links.

- Absatzmenge des ehemaligen Monopolistenunternehmens verringert sich, damit auch die Durchschnittskosten und Grenzkosten.
- **(II) Wandel des Monopolsmarktes.**
- Einige Unternehmen, welche in der Hoffnung auf ebenso hohe Gewinne wie das ehemalige Monopolunternehmen in den Markt eingetreten sind, erfahren durch die Konkurrenz Verluste und verabschieden sich.
  → Durchschnittskosten liegen über Nachfragekurve.
  → Nachfragekurven der verbleibenden Unternehmen verschieben sich nach rechts.
- **(III) Etablierung eines monopolistischen Marktes**.
- Preiskampf wird intensiviert, man ringt um die Kunden des ehemaligen Monopolisten und um potentielle neue Kunden mit geringerer Zahlungsbereitschaft.
- Gleichgewichtspreis wird sich bei Durchschnittskostenkurve einpendeln.
  → Nachfragekurve als Tangente an Durchschnittskostenkurve.
  → Unternehmen machen langfristig keine Gewinne.
  => Gleichgewichtspreis des monopolistischen Marktes entspricht jenem eines idealen.
- **Unterschiede des monopolistischen und idealen Markt.**
  - Idealer Markt: Preis = DK = GK, im monopolistischen Markt dagegen Preis = DK > GK.
  - Mit (einigen) Anstrengungen z.B. Marketing können die Unternehmen im monopolistischen Markt kurzfristige, (hohe) Gewinne realisieren, wohingegen im idealen Markt langfristig alle Anstrengungen nur minimale Erlöse versprechen.
    => Idealer Markt ist nicht dynamisch, da Anstrengungen fruchtlos.
  - Lokale Bäckerei macht trotz Rabattaktionen nur minimal mehr Gewinn, Werbung für neuen Schwarzenegger-Film bewirkt viel.[2]

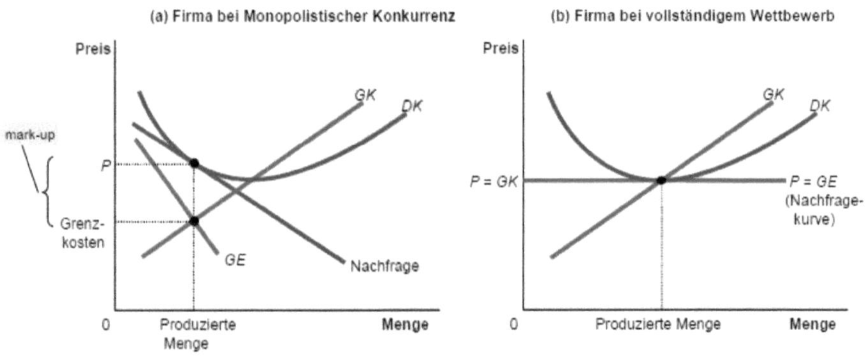

- **Andere Marktunvollkommenheiten.**

- **(1) Informationsökonomik.**
  - Principal-Agent-Probleme nur wegen Informationsasymmetrie entstanden.
    - **Hidden Action** sind Anstrengungen (bei der Arbeit), welche nur der Agent kennt.
    - **Hidden Characteristics** sind Eigenschaften (eines Verkaufsobjekts), welche nur Agent kennt.
    => Informationssymmetrie führt zu adverser Selektion oder Moral Hazard.
  - **(I) Adverse Selektion.**
    - Auswahl eines falschen Geschäftspartners wegen fehlender Informationen.
    - Beispiele sind Versicherungsunternehmen, Vermieter, Gebrauchtwagenhändler.

2 Grafik entnommen aus „Grundzüge der Volkswirtschaftslehre" von Makiw & Taylor, **ISBN-13:** 978-3791030982

- **Möglichkeiten um Probleme zu umgehen.**
  - **Signaling**: Verkäufer kann versuchen Vertrauen des Käufers über Zertifikate etc. zu gewinnen.
  - **Screening**: Käufer kann sich so viele Informationen wie möglich zusammensuchen.
- **Problem der self-fulfilling prophecy.**
  - Auf Gebrauchtwagenmarkt müssen Käufer mit Risiko des Betrugs rechnen, deshalb Zahlungsbereitschaft reduziert.
  - Möchte jemand ein wirklich gutes Auto verkaufen, wird er dafür nicht den Wert bekommen.
    → Verkäufer guter Autos verkaufen an Bekannte.
    => Markt für Gebrauchtwagen bietet nur Schrottautos an.
- **(II) Moral Hazard.**
  - Personen neigen dazu sich, wenn sich nicht ausreichend überwacht gefühlt, unerwünscht zu verhalten.
- **(III) Konsequenzen der Informationsasymmetrie.**
  - Marktverzerrung.
  - Staatliches Eingreifen wird notwendig.
    - Staat leidet selbst an Informationsasymmetrie, da einerseits nicht alle Informationen über Ursache der Marktverzerrung und andererseits nicht alle Informationen zur Auswahl der besten Lösungsmöglichkeit.

- **(2) Verhaltensökonomik.**
  - Grundgedanken aus der Spieltheorie.
  - Optimierende, vereinfachende Annahmen der VWL und BWL (Effizienzmaximierung, rationales Verhalten) werden hinterfragt.
    → Menschen als Satisfizer gesehen.
  - Systematische Fehler menschlichen Denkens / Handelns.
    - **Mental Accounting**: Menschen gewichten Sparguthaben anderen Wert zu als Giroguthaben.
    - **Herd Mentality** (Herdentrieb).
    - **Prospect Theory**: Gewinnen und Verlusten werden unterschiedliche Werte zugrunde gelegt.
    - **Endowment Effect**: Eigener Besitz wird als wertvoller eingestuft als fremder.
  - Menschen sind aber auch von Fairness getrieben und möchten das Gerechtigkeitsgefühl sich erfüllt „anfühlt".
  - **Bounded Rationality.**
    - Menschen treffen Entscheidungen subjektiv, weil zu wenig Informationen vorhanden sind.
    - Konsumenten fühlen sich selbstsicher, bewerten unwichtige Beobachtungen über, wollen ihre Auffassungen nicht ändern, suchen nur Belege für eigene Meinung und sind von Heuristiken gesteuert.

- **Marktineffizienzen und staatliche Eingriffe.**

- **Rechtfertigung staatlicher Aktivitäten.**
  - **(1) Allokationsziel.**
    - Effiziente Verwendung knapper Ressourcen im Allgemeinen.
    - Externe Effekte und unterschiedliche Arten von Gütern.
    - Marktergebnis ist zwar effizient, aber nicht unbedingt gewollt.
    - Eingreifen bei Wettbewerbsbeschränkungen wird nicht besprochen (Patente, Kartellverbot, Monopolzerschlagung).
  - **(2) Distributionsziel.**

- Gerechte Verteilung von Einkommen und Vermögen.
- Gerechtigkeit ist keine Frage der VWL, nur ein Ziel des Staates.
  → VWL beschäftigt sich mit Frage nach Gleichheit, gleiches Niveau.
- **(3) Stabilitätsziel.**
- Vier bedeutendste, gesamtwirtschaftliche Ziele, besprochen in Markroökonomik.

- **(1) Allokationsziel.**

- **Externalitäten.**
  - **Externalitäten**: Auswirkungen ökonomischen Verhaltens auf unbeteiligte Dritte.
    => Auseinanderfallen von privaten und gesellschaftlichen Nutzen.
  - **Positive Externalitäten**: Optimale Menge liegt über Marktmenge.
    - Eigennützige Handlungen Einzelner haben positive Effekte auf Unbeteiligte.
    - Bsp.: Impfungen, nützen mehr als nur den Geimpften, da Ansteckungsgefahr gesenkt wird.
  - **Negative Externalitäten**: Optimale Menge liegt unter der Marktmenge.
    - Wohlfahrt Dritter wird durch ökonomische Handlungen einzelner negativ beeinflusst.
    - Bsp.: Autokauf, Vertrag zwischen Konsumenten und Autohändler zulasten der Großstadtbewohner, welche unter Feinstaub leiden müssen.
    => Märkte funktionieren zwar, jedoch will Staat Externalitäten verhindern.
  - Güter, deren Nutzen wegen den Präferenzen der Konsumenten verzerrt ist.
  - **Meritonische Güter**: Konsumenten schätzen Nutzen zu gering ein (Sozialversicherung).
    - Güterkonsum hat aber hauptsächlich positive externe Effekte.
    - Staat schafft Anreize oder Zwang diese Güter zu konsumieren.
  - **Demeritonische Güter**: Konsumenten schätzen Nutzen zu hoch ein (Drogen).
    - Güterkonsum hat überwiegend negative externe Effekte.
    - Staat schafft Hindernisse oder Verbote diese Güter zu konsumieren.
    => Staat soll Präferenzen der Konsumenten und Nutzen der Güter aneinander angleichen.
      → Internalisierung.

- **Negative externe Effekte – Analyse unter ceteris paribus.**[3]

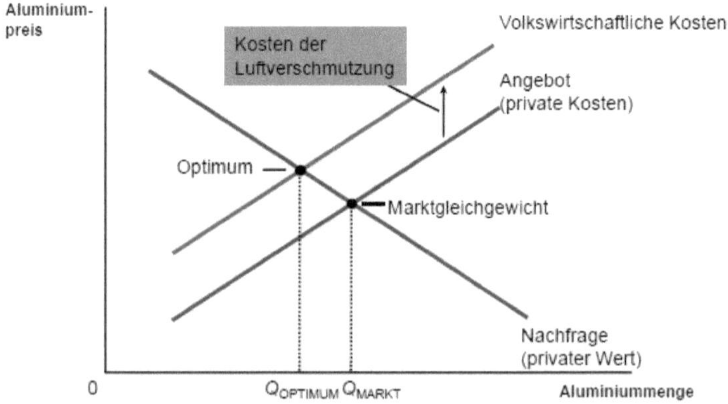

  - Veränderung von Angebots- oder Nachfragekurve hängt von Argumentation und Perspektive

3 Grafik entnommen aus „Grundzüge der Volkswirtschaftslehre" von Makiw & Taylor, **ISBN-13:** 978-3791030982

ab.
- Angebotskurve orientiert sich an Kosten der Produzenten / für die Konsumenten.
- Soziale Kosten (Auswirkungen auf die Gesellschaft) werden vernachlässigt.
  → Menge des Marktes entspricht nicht der optimalen Menge.
- Könnte man Soziale Kosten quantifizieren, dann würde private Kosten + soziale Kosten die **Volkswirtschaftlichen Kosten** ergeben.
  - Darauf aufbauend würde sich die Angebotskurve nach oben / links verschieben.
  - Abgesehen davon, dass der Preis steigt, sinkt die Menge auf das Optimum der Volkswirtschaft.
- **Internalisierung von Externalitäten**: Staat will versuchen (in diesem Fall) Produktionskosten zu erhöhen, damit sich private Kosten an Volkswirtschaftlichen Kosten nähern.
  - Instrumente dieser Internalisierung sind meist Steuern oder Subventionen, können aber auch andere sein (Umweltzertifikate, Nachrüsten von Katalysatoren gesetzlich vorgeschrieben).

- **Wohlfahrtsanalyse der negativen Externalitäten.**[4]

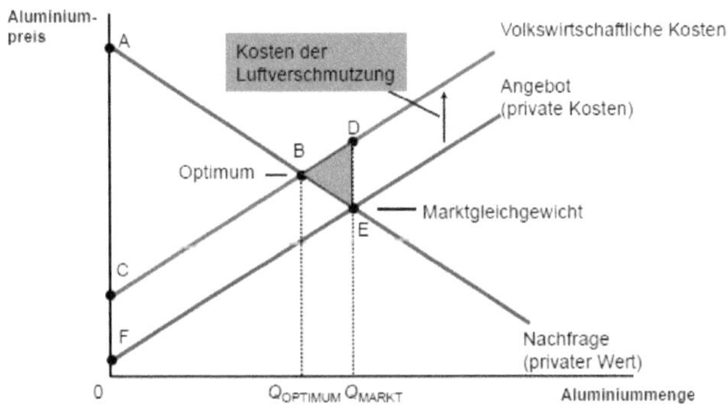

  - Marktbedingte Wohlfahrt zmfasst Fläche ABC, da CDEF „Verluste“ sind und vom der eigentlichen Gesamtfläche AEF abgezogen werden.
  - Wohlfahrt nach Internalisierung ist Fläche ABC inklusive BDE.
    → Gesamtwohlfahrt ist höher, wenn internalisiert wird.

- **Analyse positiver Externalitäten – ceteris paribus Annahme.**[5]

4 Grafik entnommen aus „Grundzüge der Volkswirtschaftslehre“ von Makiw & Taylor, **ISBN-13:** 978-3791030982
5 Grafik entnommen aus „Grundzüge der Volkswirtschaftslehre“ von Makiw & Taylor, **ISBN-13:** 978-3791030982

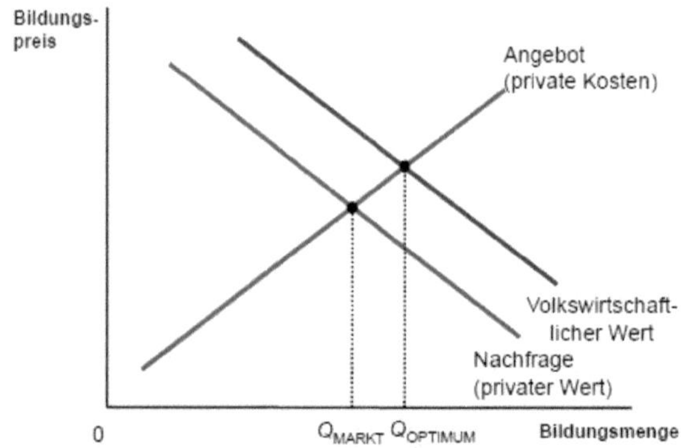

- In diesem Fall werden Nachfrager subventioniert, deshalb Veränderung der Nachfragekurve, man könnte allerdings auch Anbieter subventionieren um Angebotskurve zu beeinflussen.
- Marktgleichgewicht liegt unter dem volkswirtschaftlichen Optimum.
  - Sozialer Wert wird vernachlässigt, da nicht genau messbar, aber sehr wichtig (mehr Bildung = mehr qualifizierte Arbeitskräfte = Standort Deutschland attraktiver, etc.).

  => Summierung des Sozialen und des privaten Wertes ergibt den Volkswirtschaftlichen Wert.
- Nachfragekurve verschiebt sich nach rechts, mehr Bildung wird „konsumiert“.
- **Internalisierung**: Staat will die Kosten für Nachfrager reduzieren (z.B. durch steuerliche Absetzbarkeit von Bildungsausgaben, Bildungsgutscheine etc.).
  - Staat könnte auch „Produktionskosten“ der Anbieter senken oder anderweitige Anreize schaffen das Angebot zu erhöhen (Patente mit temporärer Monopolerlaubnis).

- **Wohlfahrtsanalyse positiver Externalitäten.**[6]
  - Marktbedingte Gesamtwohlfahrt bezieht sich auf die Fläche BCEF, da eigentliche Wohlfahrt (Fläche AEF) um den „versteckten“ sozialen Nutzen erweitert wird.
  - Internalisierung erweitert die Gesamtwohlfahrt um CDE.

    => Auch hier ist Internalisierung die Variante, welche die Gesamtwohlfahrt maximiert.

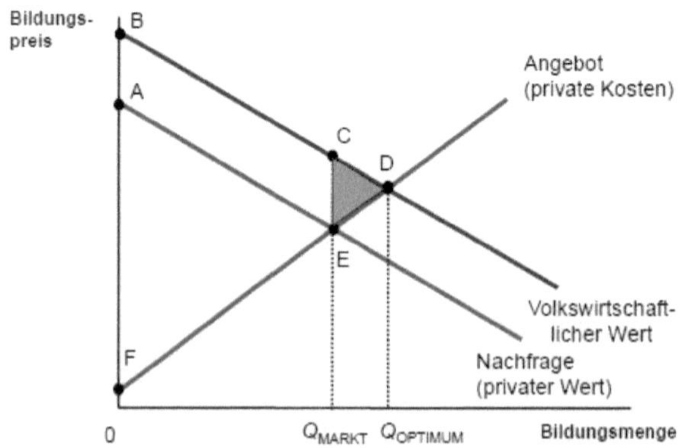

6 Grafik entnommen aus „Grundzüge der Volkswirtschaftslehre“ von Makiw & Taylor, **ISBN-13:** 978-3791030982

- **Coase Theorem.**
  - Märkte mit Externalitäten können durchaus effizient sein.
    - Voraussetzung: Klare Eigentumsverhältnisse, keine Transaktionskosten.
      → Staatliches Eingreifen überflüssig.
  - Externe Effekte wirken nämlich reziprok: Schaden für den Einen bedeutet automatisch Nutzen für den Anderen.
    - Instrument des „wohlwollenden Diktators" geschaffen, welcher alle Informationen besitzt und genau sehen kann, ob un welcher der beiden benachteiligt werden muss, damit es der Volkswirtschaft als Ganzes besser geht.
      => Wohlwollender Diktator vergleicht Situation für die Volkswirtschaft und trifft eine Entscheidung.

- **Quantifizierung von / Zahlenbeispiel für Course Theorem.**
  - ***Möglichkeit 1***: Nutzen für A ist 5€, Schaden für B ist 3€.
    - Mit Schadensersatzverpflichtung: A schadet B und ist bereit 3€ Kompensation zu zahlen.
      → Ist trotz Schadensersatzzahlungen immer noch besser dran als vorher.
    - Ohne Schadensersatzverpflichtung erhöht sich dessen Nutzen sogar noch.
  - ***Möglichkeit 2***: Nutzen für A ist immer noch 5€, Schaden für B aber 7€.
    - Mit Schadensersatzverpflichtung: A unternimmt nichts, da Resultat ihm nur schaden würde.
    - Ohne Schadensersatzverpflichtung: B gibt dem A 5€, damit dieser ihm nicht schadet.
      → Mit -5€ ist B immer noch besser dran als mit -7€.
      => Wohlwollender Diktator entscheidet, dass in 3 von 4 Fällen B benachteiligt werden darf.

- **Bedeutung des Coase Theorems.**
  - Für beide Seiten optimales Ergebnis tritt ein, ohne dass Staat eingreifen muss.
    → „Beweis", dass lange Zeit als absolut notwendig gehaltenes staatliches Eingreifen nicht benötigt wird.
  - Externalität ist lediglich Eigentumsrecht auf soziale Kosten / Wert, welches frei gehandelt werden kann. → Frage nach Schadensersatzverpflichtung ist Frage des Gesetzgebers, ändert nichts daran, dass nur solche Ergebnisse eintreten, welche den volkswirtschaftlichen Nutzen maximieren (oder im schlechtesten Fall gleich lassen).
    => Erweiterung der dezentralen Koordinationskraft des Marktes auf Externalitäten.
  - **Probleme beim Coase Theorem.**
    - (Signifikante) Transaktionskosten bestehen am Markt.
    - Informationsasymmetrie (Nutzen / Kosten werden anderer Partei vorenthalten, Messung dieser nicht genau etc.) → A versucht eigenen Nutzen zu „beschönigen", B versucht eigene Kosten „hochzureden", weil beide Seiten mehr profitieren wollen.
    - Verteilungswirkungen (Verteilung der Eigentumsverhältnisse kann ungerecht sein).
    - Organisationsprobleme bei großen Gruppen.
      - Wer ist wie sehr für die globale Erwärmung verantwortlich, welche Gruppen werden dadurch benachteiligt, wie viel muss welcher benachteiligten Gruppe von welchem Verursacher entschädigt werden.

- **Staatliche Instrumente zur Kontrolle von Externalitäten.**
  - **(1) Direkte Regulierung durch Ge- und Verbote.**
    - Zu Handlungen zwingen, wenn meritorische Güter (Versicherungspflicht).
    - Handlungen verbieten, wenn demeritorische Güter (Drogenverbot).
      → Sehr starke Eingriffe des Staates in Marktwirtschaft.

- **(2) Pigou-Steuern.**
  - Marktbasierte Instrumente, darunter vor allem Steuern / Subventionen.
    → Pigou Steuern = Steuern mit Lenkungsfunktion.
  - Steuer auf gewisse Produkte soll dessen Produktionskosten erhöhen und quantity supplied senken.
  - Fiskales Ziel von Steuern (mehr Geld für Staat) steht Lenkungsfunktion im Weg.
    → Sehr effiziente, einfache und auch für den Staat nützliche Methode der Regulierung.
- **(3) Handelbare Umweltzertifikate.**
  - Ausgabe einer limitierten Anzahl von staatlich zugesicherten „Umweltverschmutzungsrechten".
  - Technische Probleme treten auf, da Messung der sozialen Kosten und Bestimmung der auszugebenden Anzahl nicht eindeutig ist.
    → Führt letztlich zu sehr ähnlichen Marktmechanismen wie Pigou-Steuern.
- **Beispiel zur Veranschaulichung**
  - Ziel: Staat will Umweltemissionen reduzieren.
  - **Möglichkeit 1: Direkte Regulierung.**
    - Gesetz, dass alle Unternehmen 20% weniger produzieren sollen.
    - Unternehmen, welche viele variable Kosten haben, können schnell und effizient auf Gesetz reagieren und sich mit Situation abfinden.
    - Etablierte Unternehmen oder kleinere haben viele Fixkosten, können nicht mit Kosten der o.g. Unternehmen mithalten und müssen den Markt verlassen.
      → Diskriminierung einiger Unternehmensgruppen.
  - **Möglichkeit 2: Einführung einer Pigou-Einheitssteuer.**
    - Steuer wird erlassen, welche pro Tonne CO_2 eine Abgabe verlangt (linear).
      → Sozusagen vollkommen preiselastisches Angebot geschaffen.
    - Preis wird also vorgegeben, Nachfrage pendelt sich ein und bestimmt die quantity supplied.
      => Aus vorgegebenem Preis resultiert staatlich gewünschter Menge.
  - **Möglichkeit 3: Ausgabe von Emissionszertifikaten.**
    - Staat gibt eine begrenzte Anzahl an Zertifikaten aus und bestimmt somit die quantity supplied → Vollkommen preisunelastisches Angebot.
    - Nachfrage bestimmt den Preis für die Unternehmen.
      => Staatlich gewollte Menge wird vorgegeben, Preise entstehen erst.
      → Sicherer als Steuern, da Menge auf jeden Fall nicht überschritten werden kann.
      → Problem: Preise könnten so gering sein, dass kein Anreiz für Innovationen vorliegt.
      → Spekulatöre an Derivatenmärkten verdienen mehr daran als Staat.

- **Öffentliche Güter.**
  - Zwei Eigenschaften, welche öffentliche Güter erfüllen oder nicht.
    - **Excludability** (Ausschließbarkeit): Im Falle einer Nicht-Zahlung kann diese Person von Nutzung ausgeschlossen werden.
    - **Rivalry** (Konkurrenz): Nutzungsmöglichkeiten anderer Personen verringern sich, wenn eine Person dieses Gut nutzt.
  - Treten Externalitäten bei öffentlichen Gütern auf, wird dies **Marktversagen** genannt.
  - **Unterscheidung / Charakteristika der vier möglichen öffentlichen Gütern.**

- **Private Güter**: Nutzung (Anziehen) einer Jeanshose schließt andere von Nutzung aus.
  - Diese eine Jeanshose kann nur eine Person besitzen.
- **Typisch öffentliche Güter**: Gleichzeitige Nutzung dieses Gutes durch viele Menschen (bis Kapazitätsgrenze) ist möglich.
  - Ausschluss von Nutzung ist nicht möglich.
    → **Trittbrettfahrerproblem.**
  - Beispiel nationale Verteidigung: Alle nutzen sie gleichzeitig und niemand kann ausgeschlossen werden.

		Rivalität: ja	Rivalität: nein
Aus-schließ-barkeit	ja	private Güter	Natürliche Monopole
	nein	Gesellschaftliche Ressourcen	(typisch) öffentliche Güter

- **Natürliche Monopole** (nicht die klassische Definition, aber viele Ähnlichkeiten).
  - Es herrscht keine Rivalität in der Nutzung, aber im Besitz der Sache.
  - Beispiel des Internetanbieters, welcher Zugang zu seinen Leitungen ausschließen kann, aber gleichzeitige Nutzung keinerlei Einschränkungen für Nutzer herbeiführt (bis zur Kapazitätengrenze).
- **Gesellschaftliche Ressourcen // Allmendegüter**: Umweltressourcen.
  - Konkurrenz um die Nutzung, da dieser eine Fisch nur von einem Angler gefangen werden kann, aber kein Ausschluss von Fischerei wegen gleichzeitiger Nutzung Vieler.
    → **Allmendeproblem.**
    - Ausschluss wäre theoretisch möglich, aber mit hohen Kosten verbunden.
  - Früher synonym für „freie Güter“ verwendet, heutzutage von Idee der Existenz dieser abgewichen, da saubere Luft oder Trinkwasser doch limitiert sind.

- **Probleme bei Öffentlichen Gütern.**
  - **(a) Das Trittbrettfahrerproblem.**
    - Keine Ausschließbarkeit führt zu Verweigerung der Zahlung zu Lasten der anderen Nutzer.
      → Deshalb bieten Märkte keine öffentlichen Güter an.
    - Staat kann sich dazu entscheiden öffentliche Güter anzubieten.
      - Macht dies nur, wenn Gesamtnutzen die Gesamtkosten übersteigt.
      - Kann Konsumenten zur Zahlung verpflichten (Steuern).
  - **(b) Allmendeproblem.**
    - Weil kein Ausschluss möglich ist, rivalisieren die einzelnen Nutzer um das Gut um den größtmöglichen Vorteil daraus schlagen zu können.
      - Fischerei im Ozean ist für alle zugänglich, jeder möchte aber alle Fische haben und verkaufen.
    - Allemendeproblem („tragedy of the commons“) als Parabel formuliert, Problem der negativen Externalität tritt auf.
      - Reiche Stadt hat vor Stadttoren saftige Wiesen, deshalb viel Vieh und Reichtum. Jeder möchte aber seinen persönlichen Reichtum steigern, deshalb Viehbestand immer weiter vergrößert. Eines Tages war saftige Weide vollständig abgegrast und Grundlage des Reichtums weg, sodass gesamtes Dorf darunter leiden musste.
    - Kern des Problems sind fehlende Eigentumsrechte (→ Coase Theorem) und Endowment Effekt (→ Verhaltensökonomik).

- **Allokationsziel als Rechtfertigung für staatliche Eingriffe in Wirtschaft.**

- **Einkommensungleichheit.**
  - Einkommen einer Person hängt von Supply und Demand der Arbeitskraft ab.
    - Beeinflusst durch persönliche Fähigkeiten, Humankapital, Diskriminierung etc.
  - Frage nach Gerechtigkeit stellt sich der VWLer nicht, Ungerechtigkeit wird einfach als Ungleichheit definiert, etwas, das VWLer untersuchen.
  - Steigende Einkommensungleichheiten u.a. durch folgende zwei Faktoren.
    - Technologische Veränderungen (Rationalisierung).
    - Anstieg des internationalen Handels mit Niedriglohnländern (Konkurrenz zur inländischen Produktion).
  - Staatliches Eingreifen versucht Verteilung von Einkommen und Vermögen (angehäuftes Einkommen) umzuverteilen und zu verbessern.

- **Messung von Ungleichheit über zwei Hilfsmittel.**
  - Berechnung dieser Methoden nicht können, aber Herleitung, Erklärung und Interpretation.
  - **(1) Lorenz Kurve.**
    - Graphisches Instrument um Einkommensverteilung zu messen (zeitlicher, internationaler oder segmentaler Vergleich).
      - Es macht wenig Sinn ständig neue Graphen aufzustellen, da sich Einkommen im Wandel der Zeit nur sehr langsam verändern (über Jahre hinweg).
      - Weiterhin ist Zusammensuchen der Daten sehr zeit- und kostenaufwendig, deshalb meist nur 3-jährige Auswertungen zu finden.
    - Alle Haushalte innerhalb einer Volkswirtschaft werden gemäß ihres Einkommens hierarchisch angeordnet und in eine frei-wählbare Anzahl von Gruppen unterteilt.
      - Definitionsgemäß umfasst die erste Gruppe die Haushalte mit den geringsten Einkommen und die letzte Gruppe jene mit dem höchsten Einkommen.
    - Berechnung des Anteils am gesamten Volksvermögen der einzelnen Gruppen und anschließende Kumulierung.
    - Anhand der kumulierten Anteile am gesamten Volksvermögen (erste Gruppe 5%, erste und zweite zusammen 15%, erste, zweite und dritte gemeinsam 30% etc.) kann die sogenannte Lorenzkurve gezeichnet werden.
    - Lorenzkurve hat eine Bezugskurve, die Referenzgerade, welche durch beide logische Punkte P (0|0) und Q (100|100) geht (bei 0% Arbeit 0% Einkommen und vice versa).
      => Je weiter die Lorenzkurve von Referenzgerade weg gebogen ist, desto ungleicher ist Vermögen verteilt.

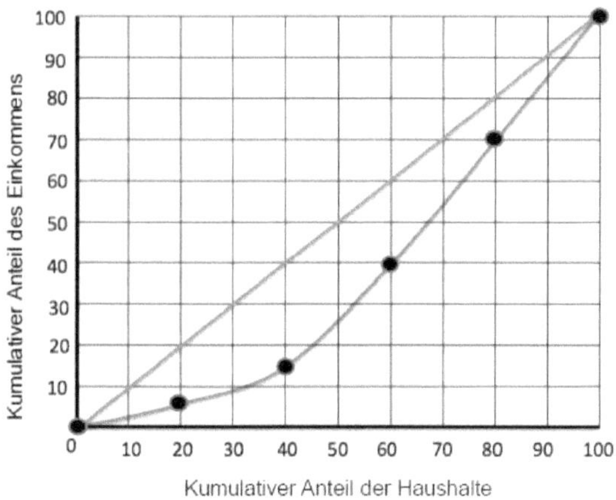

- (b) **Gini-Koeffizient.**
  - Auf die Lorenzkurve und Referenzgerade aufbauend berechnet der Gini Koeffizient das Verhältnis zwischen Fläche, welche von Referenzgerade und Lorenzkurve eingeschlossen wird, zur Fläche unterhalb der Referenzkurve.
  - $Gini\ Koeffizient = \frac{Fläche\ A}{Flächen\ A+B}$ $(wahlweise\ mit\ 100\ multipliziert)$.
  - Gini Koeffizient von 0 bedeutet die totale Einkommensgleichheit.
  - Je größer der Gini Koeffizient, desto mehr arme Menschen gibt es in diesem Land.
  - Im Exam Größenordnungen kennen, deshalb einige wichtige Kennzahlen.
    - Deutschland ~0.3, Bulgarien ~0.35 (geringster Wert in EU), Namibia ~0.7 (geringster Wert auf Welt).

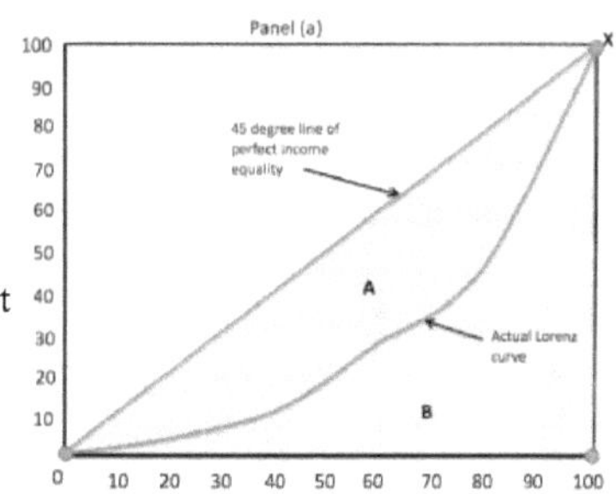

Grundlagen der Wirtschaftspolitik und System der sozialen Marktwirtschaft.

- **Arten der Wirtschaftspolitik.**
  - Regelnde und gestaltende Einflussnahme des Staates auf ökonomische Aspekte (dezentrale Entscheidungen der Wirtschaftsagenten).
  - **Zwei große Bereiche.**

(1) Ordnungspolitik	(2) Prozesspolitik
• Staat setzt grobe Rahmenbedingungen für wirtschaftliches Handeln. • Eigentums-, Geld- oder Marktverfassung.	• Aktiver Eingriff des Staates in die Wirtschaftspolitik. • Mindestlöhne, Internalisierung externer Effekte.

=> **Steuerpolitik** ist hauptsächlich Ordnungspolitik, da grobe Rahmenbedingungen geschaffen werden, kann aber auch prozesspolitische Aspekte beinhalten, z.B. wenn einzelne Unternehmen / Branchen von Steuern ausgenommen werden oder spezielle Vorschriften

(Eigenkapitalquote Deutsche Bank) erhalten.

- **Steuerpolitik.**
  - Finanzbedarf des Staates decken, welcher durch Bereitstellung öffentlicher Güter entsteht.
  - **Zwei Ziele der Steuerpolitik.**
    - **(1) Gerechtigkeit.**
      - Zwei wesentliche Prinzipien der Besteuerung, teilweise (aber nicht zwangsläufig) gegensätzlich.
      - **(1.1) Äquivalenzprinzip (Benefit-Principle).**
        - Steuern richten sich an Verbrauch / Nutzung von öffentlichen Gütern.
          → Wer mehr profitiert, soll auch mehr zahlen.
          => Mautgebühren finanzieren Erhalt der Straßen durch diejenigen, welche diese häufig nutzen.
        - Kein Miteinbeziehen der wirtschaftlichen Stärke der Haushalte.
        - Gesetzliche Maßgabe in Deutschland: Steuern werden ohne Gegenleistung entrichtet.
          - Kosten für direkte staatliche Gegenleistungen = **Gebühren** (Ausstellen eines Personalausweises).
          - Kosten für Anspruch einer staatlichen Leistung = **Beiträge** (in SV z.B.).
      - **(1.2) Leistungsfähigkeitsprinzip** – nicht Leistungsprinzip!
        - Besteuerung der Haushalte anhand der Leistungsfähigkeit (nicht tatsächlicher Leistung!).
        - Umfasst folgende zwei Dimensionen.
          - **Horizontale Gleichbehandlung** → Frage nach der Messung / Indikator.
            - Gleiche Leistungsfähigkeit sollte auch gleich besteuert werden.
            - **1. denkbarer Indikator**: Einkommen.
              - Einkommen der Haushalte gibt Aufschluss über Leistungsfähigkeit, deshalb direkte Versteuerung.
              - **Problem:** Lebensumstände beeinflussen Leistungsfähigkeit, werden aber nicht in Einkommen berücksichtigt.
              - Staat bietet Steuererleichterungen an, damit Lebensumstände berücksichtigt werden können.
                => Anreiz geschaffen, dass z.B. Pendler aufs Land ziehen, billige Mieten zahlen, Fahrkosten zur Arbeit ersetzt bekommen und monatlich viel Geld sparen.
            - **2. denkbarer Indikator:** Vermögen.
              - Vermögen als Ausdruck zusätzlicher Leistungsfähigkeit angesehen, da man mehr Vorteile (einfachere Kredite mit niedrigeren Zinsen) erhält.
              - Frage nach der Doppelbesteuerung, Bewertungsprobleme führen zu Ungerechtigkeiten.
              - Substanzbesteuerung auf Festkapital (z.B. Immobilien) fällt an, kann womöglich nicht entrichtet werden und Festkapital muss nur wegen Steuer liquidiert werden.
            - **3. denkbarer Indikator:** Konsum.
              - Persönlicher Konsum als Ausdruck der Leistungsfähigkeit.
              - Probleme mit Schenkungen und Ungerechtigkeit denen gegenüber, welche ihr gesamtes Einkommen für Konsum ausgeben müssen.
          - **Vertikale Gleichbehandlung** → Frage nach dem Tarif.
            - Unterschiedliche Leistungsfähigkeit sollte unterschiedlich besteuert werden, die Frage ist nur wie.
            - **Drei mögliche Steuertarife.**
              - **Proportionale Steuer**: Gleicher Durchschnittssteuersatz auf steigende Bemessungsgrundlagen.

- **Regressive Steuer**: Fallender Durchschnittssteuersatz auf steigende Bemessungsgrundlagen.
- **Progressive Steuer**: Steigender Durchschnittssteuersatz auf steigende Bemessungsgrundlagen.

- **Graphische Betrachtung der unterschiedlichen Steuertarife.**
  - 3 Formeln.
    - T = T(x) Steuerbetragsfunktion.
      - Steuerbetrag = Steuer T in Abhängigkeit von Bemessungsgrundlage x.
    - T '(x) Grenzsteuersatz, erste Ableitung der Steuerbetragsfunktion.
      - Gibt an um wie viel sich Steuer ändert, wenn eine x-Einheit mehr erhalten.
    - t(x) = T(x) / x Durchschnittssteuersatz.
      - Steuerbetragsfunktion in Relation zur Bemessungsgrundlage x gesetzt.
      - Wir nehmen zwei unterschiedliche Punkte auf der Steuerbetragsfunktion und verbinden jeweils einen Punkt mit dem Ursprung. Je kleiner der Winkel α am Ursprung ist, desto geringer ist der Steuersatz an diesem Punkt. Wenn mit Wandel auf der x-Achse (von Ursprung zu ∞) α steigt, dann steigt auch die Durchschnittssteuersatzkurve an.
  - **(I) Proportionaler Steuertarif.**
    - Steuerbetragsfunktion ist linear steigend durch den Ursprung.
    - Durchschnittssteuersatz verläuft parallel zur x-Achse und liegt genau auf Grenzsteuersatzkurve.

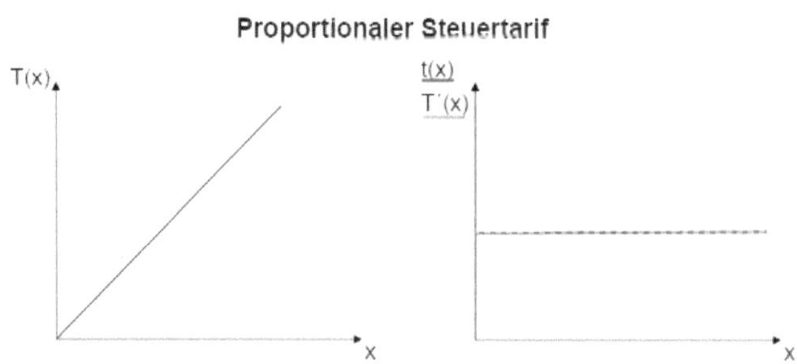

  - **(I.1) Indirekte Progression.**
    - Proportionale Steuer mit Besonderheit eines Freibetrags.
    - Von diesem Freibetrag profitieren jene Haushalte mit geringer Bemessungsgrundlage mehr als Haushalte mir (sehr) hoher Bemessungsgrundlage.
    - Grenzsteuersatz ist weiterhin eine Parallele zur x-Achse, da keine Veränderung des Steuersatzes mit steigender Bemessungsgrundlage (beginnt aber erst ab Freibetrag).
    - Durchschnittssteuersatz dagegen sinkt, denn Geringverdiener profitieren am meisten / stärksten vom Freibetrag.

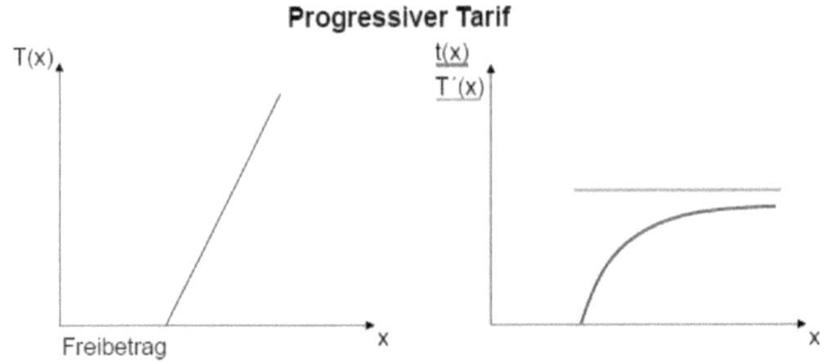

Indirekte Progression

- **(I.2) Indirekte Regression.**
  - Festbetrag wird bei proportionaler Steuer festgelegt, sogenannte poll-tax // pro-Kopf-Steuer, welche unabhängig von Verdient oder Erwerbsfähigkeit für jede Person anfällt.
  - Grenzsteuersatz verhält sich wie bei „normaler" proportionaler Steuer.
  - Durchschnittssteuersatz ist fallend asymptot zu t(x).
  - Umsatzsteuer ist indirekt regressiv, da einkommensschwache Haushalte (fast) gesamtes Einkommen für Konsum ausgeben und somit de facto 19% mehr Steuern zahlen müssen.
    - Einkommensstarke Haushalte geben z.B. nur 50% des Einkommens für Konsum aus, weil sie sparen <u>können</u> und zahlen de facto nur 7% mehr Steuer.

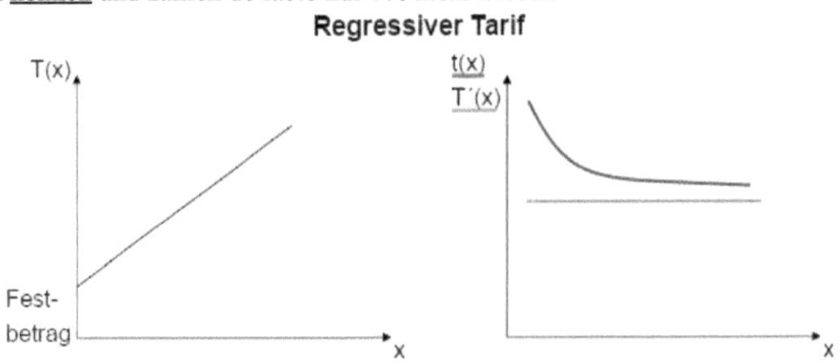

Indirekte Regression

- **(II) Progressiver Steuertarif.**
  - Steuerbetragsfunktion verläuft proportional steigend durch den Ursprung.
  - Durchschnittssteuersatz ist lineare Gerade durch den Ursprung.
  - Grenzsteuersatz ist ebenfalls lineare Gerade durch Ursprung, ist aber steiler (= höhere Steigung) als Durchschnittssteuersatz, sonst würde jener nicht steigen können.

Progressiver Tarif

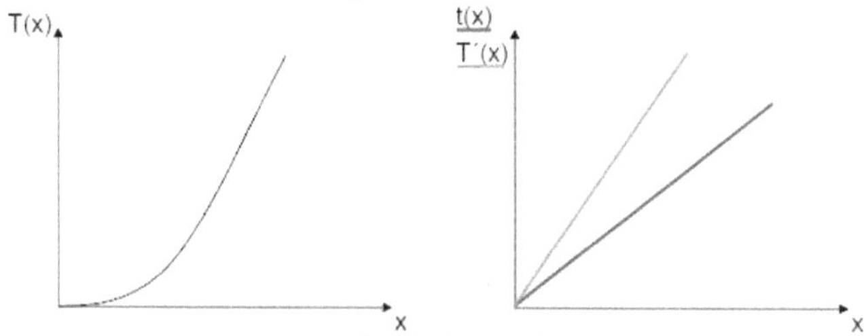

Direkte Progression

- **(III) Regressiver Steuertarif – In Praxis kaum Bedeutung.**
  - Steuerbeitragsfunktion verläuft proportional abnehmend durch den Ursprung.
  - Durchschnittssteuersatz fällt von oben herab, Grenzsteuersatz ebenfalls, aber deutlich steiler.

Regressiver Tarif

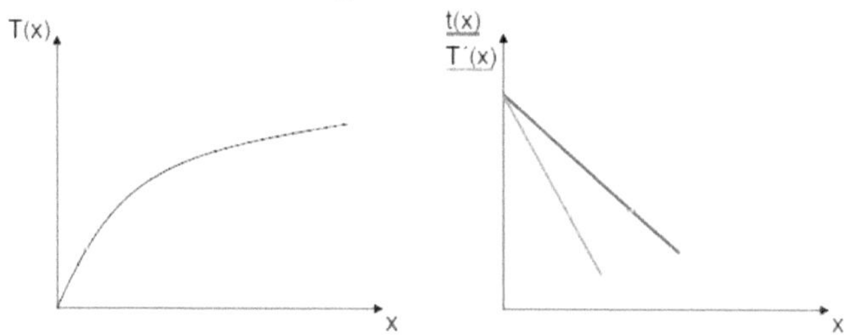

Direkte Regression

  - Y-Achsenabschnitt der Durchschnittssteuer und somit auch der Grenzsteuer liegt bei Änderung von 0,1 auf 0,2 z.B..
- Übersicht Auswirkungen der möglichen Steuertarife.

Steuertarif	Durchschnittssteuersatz	Grenzsteuersatz	Relation t zu T'
proportional	konstant	konstant	t = T'
indirekt-progressiv	steigend	konstant	t < T'
direkt-progressiv	steigend	steigend	t < T'
direkt-regressiv	sinkend	sinkend	t > T'
indirekt-regressiv	sinkend	konstant	t > T'

- **Deutscher Einkommenssteuertarif – progressive Steuer.**
  - Grundfreibetrag bis € 8,4k.
  - Erste linear-progressive Zone bis € 13,5k.
    - Regression wegen Freibetrag.
    - Geringes Niveau an Steuern, dafür aber intensive Veränderung.
      → Steiler Anstieg der Grenzsteuern.
  - Zweite linear-progressive Zone bis € 52.9k.
    - Geringere Veränderungsrate, geringere Steigung der Grenzsteuern.
    - Doppelte Regression, da sozusagen zwei Freibeträge kumuliert werden.

- Proportionale Zonen bis € 250.1k.
  => Wegen hoher Steigung in erster linear-progressiven Zone entsteht bei Durchschnittssteuersatz ein „(Wohlstands-)Bauch"; Haushalte mir zu versteuerndem Einkommen zwischen € 8,4k und ca. € 16k zahlen durchschnittlich mehr als Haushalte darüber.

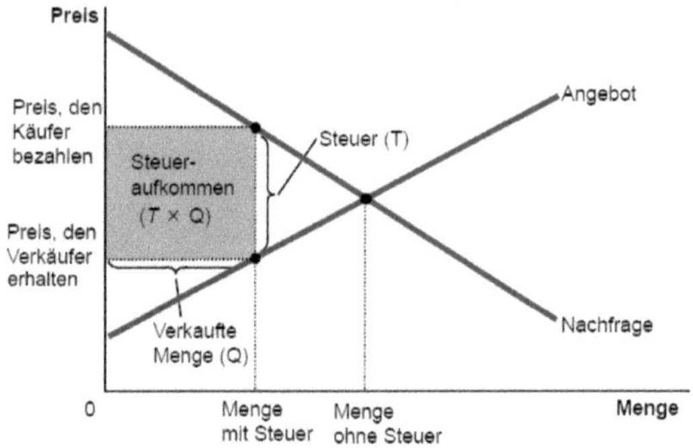

- **Zweites Ziel der Steuerpolitik: Effizienz.**[7]
  - Beispiel: Stücksteuer wie auf Schaumwein.
    - Üblich sind ad velorem Steuern auf den Wert von Gegenständen.
  - Aufspaltung des Preises, Bildung einer Differenz um Steuermenge.
    - Preis den Käufer bezahlen liegt über Gleichgewichtspreis, Preis den Verkäufer erhalten liegt darunter → Überwälzung der Kosten von Produzenten auf Konsumenten nur teilweise geglückt.
  - **Grundsatz:** *Je unelastischer eine Seite des Marktes, desto höher die Steuerlast.*
    → Je unelastischer die Nachfrage, desto besser gelingt die Überwälzung der Kosten auf die Konsumenten.

- **Analyse der Wohlfahrtsveränderung durch Steuern.**[8]
  - Konsumentenrente verringert sich von Flächen ABC auf A.
  - Produzentenrente verringert sich von Flächen DEF auf F.
  - Steuereinnahmen kommen Volkswirtschaft zu Gute, deshalb in Wohlfahrtsüberlegung miteinbeziehen, umfassen Flächen BD.
    => Wohlfahrtsverlust durch Steuern umfasst Flächen D und E.
  - **Grundsatz**: *Je elastischer Nachfrage und Angebot, desto größer der Wohlfahrtsverlust durch Steuern.*
  - **Grundsatz**: *Je höher die Steuer, desto größer der Wohlfahrtsverlust.*[9]

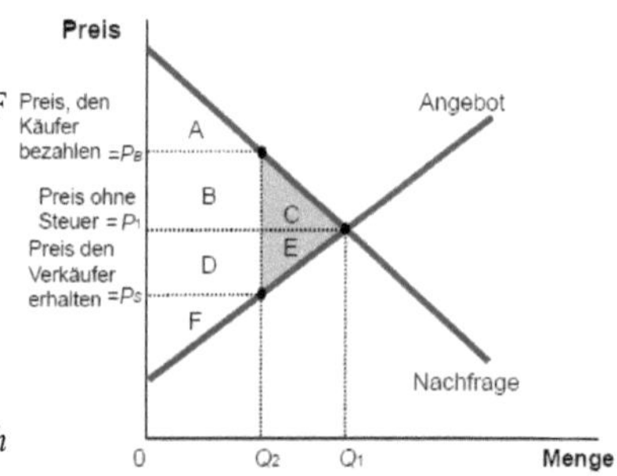

7 Grafik entnommen aus „Grundzüge der Volkswirtschaftslehre" von Makiw & Taylor, **ISBN-13:** 978-3791030982
8 Grafik entnommen aus „Grundzüge der Volkswirtschaftslehre" von Makiw & Taylor, **ISBN-13:** 978-3791030982
9 Grafik entnommen aus „Grundzüge der Volkswirtschaftslehre" von Makiw & Taylor, **ISBN-13:** 978-3791030982

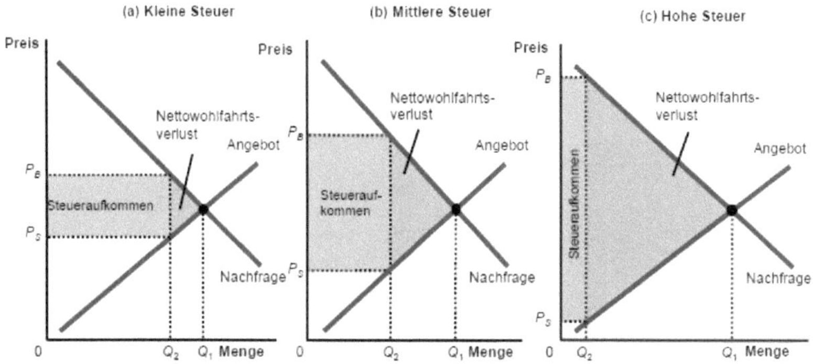

- Deshalb ist es besser viele kleine Steuern auf alles mögliche zu erlassen, als eine hohe Einkommenssteuer auf jeden Haushalt.
  => Diese Erkenntnis führt zur Laffer-Kurve.

- **Laffer-Kurve.**
  - Frage nach optimalem Steuersatz um größtmögliche Einnahmen zu erzielen.
  - Zwei logische Punkte: Wenn 0% Steuern, dann keine Einnahmen; wenn 100% Steuern, dann Anreiz nicht arbeiten zu gehen (mittel- bis langfristig).
  - Optimaler Punkt kann nicht empirische gemessen werden, da keine Daten zum Auswerten vorhanden, aber Prinzip dahinter ist logisch schlüssig.
  - Werden Steuern gesenkt, erhöht sich Angebot (Unternehmen wollen mehr produzieren und benötigen mehr Arbeiter) und Nachfrage (mehr Erwerbsfähige möchten wieder / schon arbeiten) an Arbeit, weil Grenzsteuern sinken („für jeden Euro den ich ab jetzt verdiene, beleibt unter'm Strich mehr für mich übrig“).

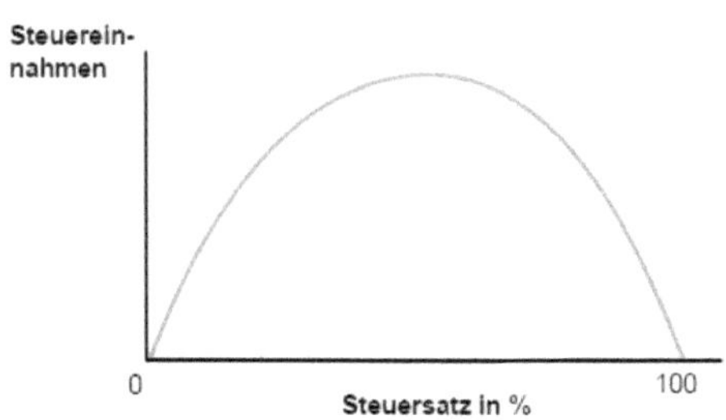